Christiane Lemcke
Lutz Rohrmann

Deutsch intensiv

Wortschatz A1

Das Training.

Ernst Klett Sprachen
Stuttgart

| TIPP | Hier werden Sie an wichtige Grammatikregeln erinnert. |

| INFO | Hier erhalten Sie wichtige Informationen. |

| MEHR ÜBEN? | Hier erhalten Sie Vorschläge für weitere Übungsformen. |

 Hier erhalten Sie Hinweise zur Aussprache bestimmter Phänomene und können diese Phänomene üben.

 Hiermit werden stimmhafte Laute gekennzeichnet.

1. Auflage 1 ⁵ ⁴ ³ ² ¹ | 2022 21 20 19 18

Autoren: Christiane Lemcke, Lutz Rohrmann
unter Mitarbeit von Carola Jeschke

Redaktion: Natalie Thomas
Layoutkonzeption: Greta Gröttrup
Illustrationen: Fritz Steingrobe, Theo Scherling
Gestaltung und Satz: Datagroup Int, Timişoara
Umschlaggestaltung: Greta Gröttrup
Druck und Bindung: Medienhaus Plump GmbH, Rheinbreitbach
Printed in Germany

ISBN 978-3-12-675069-1

Inhalt

Ran an die Vokabeln!

Die Vokabeln aus dem Buch können Sie bequem und effektiv mit dem **Quizlet**-Vokabeltrainer lernen und üben. Für die einzelnen Lektionen aus dem Buch stehen Ihnen umfangreiche englisch-deutsche Vokabel-**Kartensets** zur Verfügung, mit denen Sie den Wortschatz entweder online oder mit der Quizlet-App auf Ihrem Smartphone oder Tablet trainieren können.

So finden Sie die Quizlet-Kartensets zu Ihrem Buch:

Gehen Sie auf www.klett-sprachen.de/deutsch-intensiv-wortschatz-A1 und wählen Sie aus der Download-Rubrik *Quizlet* die Kartensets zu den Lektionen, die Sie trainieren möchten.

Aussparacheregeln

Betonung und Akzent

Betonung am Wortanfang			Betonung am Wortende	
Komposita	einfache Wörter / trennbare Verben	nicht trennbare Verben	*-ieren*	*-ion / -ei*
● …	● …	● ● …	… ● ●	… ●
Kinderzimmer	**hö**ren	ver**kau**fen	telefon**ie**ren	Informa**tion**
	Name	ge**hö**ren		Bäcker**ei**
	einkaufen			Türk**ei**

Vokale

So markieren wir kurze (·) und lange Vokale (_).

Sie lesen/schreiben	Sie hören/sprechen	Beispiele
Vokal + Vokal	l a n g	der T**ee**, l**ie**gen
Vokal + h	l a n g	der S**oh**n, z**eh**n
Vokal + 1 Konsonant	l a n g	der T**a**g, l**e**sen
Vokal + 2–4 Konsonanten	kurz	k**o**sten, das H**e**ft

Konsonanten

Sie lesen/schreiben	Sie hören/sprechen	Beispiele
-b, -d, -g	*p, t, k*	ab|fahren, und, der Tag
-s	*s (hart)*	das Haus
s-	*s (weich)*	der **S**onntag
-ch-	*(i)ch*	das **Lich**t, **möch**ten,
	(a)ch: nach *a, o, u, au*	la**ch**en, do**ch**, das Bu**ch**, au**ch**
-ig	*(i)ch*	fert**ig**
-er	*a*	der Schül**er**
st-, sp-	*scht, schp*	die **St**adt, **sp**rechen

Beachten Sie:

h**a**ben [a:]	aber:	f**a**hren [a:]
die **St**unde [ʃ]	aber:	der Ga**st**, du ha**st** [st]
das Hau**s** [s]	aber:	die **S**onne, **s**ehr [z] (♫)

Buchstaben und Laute

Sie lesen/ schreiben	Sie hören/ sprechen	Beispiele	Sie lesen/ schreiben	Sie hören/ sprechen	Beispiele
a aa ah	a (l a n g)	Name, Haar, Zahl	*k ck*	k	Kuchen, Bäckerei
	a (kurz)	danke	*l ll*	l	leben, wollen
ä äh	ä (l a n g)	Käse, zählen	*m mm*	m	Montag, kommen
	ä (kurz)	Hände (Pl.)	*n nn*	n	Name, können
äu	oi	Häuser (Pl.)	*o oh*	o (l a n g)	oder, wohnen
ai	ai	Mai	*o*	o (kurz)	kommen
au	au	Haus	*ö öh*	ö (l a n g)	hören, Söhne (Pl.)
b bb	b	Buch, Hobby	*ö*	ö (kurz)	möchten
-b	p	Verb	*p pp*	p	Pause, Gruppe
ch	(i)ch	möchten	*qu*	kw	bequem
	(a)ch	Buch	*r rr*	r	richtig, Herr
-chs	ks	sechs	*s ss*	s	Haus, Wasser
d	d	danke	*s*	s ♫	sehr
-d	t	und	*sch*	sch	schön
-dt	t	Stadt	*sp*	schp	sprechen
e ee eh	e (l a n g)	lesen, Tee, sehr	*st*	scht	Stadt
e	e (kurz)	Heft	*ß*	s	heißen
-e	e (unbetont)	danke, Seite, Tasche	*t tt th*	t	Tür, bitte, Theater
ei	ai	Seite	*-t(ion)*	ts	international
-er	a (unbetont)	Schüler	*u uh*	u (l a n g)	Juli, Uhr
eu	oi	heute	*u*	u (kurz)	Suppe
f ff	f	fahren, Kaffee	*ü*	ü (l a n g)	Süden
g	g	gut	*ü*	ü (kurz)	Stück
-g	k	Tag	*v*	w ♫	Vokal
h	h	Haus, haben	*v*	f	Nominativ
i ie ieh	i (l a n g)	Kino, sieben, (er) sieht	*w*	w ♫	Wasser
i	i (kurz)	bitte	*x*	ks	Taxi
-ig	-ich	billig	*z*	ts	bezahlen
j	j	ja			

Rechtschreibung (Orthografie)
Sie schreiben den Anfangsbuchstaben groß:

Namen	**K**laus **M**öller, **B**erlin, **D**eutschland
alle Nomen/Substantive	der **S**chüler, ein **H**eft, heute **A**bend
Anrede *Sie*	Entschuldigen **S**ie.
	Ist das **I**hr Schlüssel?
	Wie geht es **I**hnen?
Satzanfang	**E**r kommt aus Portugal.

> Die Anrede *Sie* schreiben Sie immer groß, aber die Anrede *du* schreiben Sie klein.
> (In Briefen kann man *du* auch großschreiben.)

Sie schreiben ß:

nach einem langen Vokal:	die Stra<u>ß</u>e, gro<u>ß</u>
nur große Buchstaben:	STRASSE

Sie schreiben: Sie hören:

Sie schreiben:	Sie hören:
sprechen	*„schp*rechen"
die **St**adt	die *„Scht*adt"
der Schül**er**	der *„Schüla"*

Wortarten   Beispiele

Wortarten	Beispiele
der Name	Herr Köhler, Europa, München
das Nomen/Substantiv	das Buch, der Schüler, die Frau
der Artikel	das, ein-, kein-, mein-, dies-
der bestimmte Artikel	der, das, die, den
der unbestimmte Artikel	ein, eine, einen, kein, keine, keinen
der Possessivartikel	mein, dein, sein, Ihr
der Demonstrativartikel	dieser, dieses, diese
das Verb	lernen, kommen
das trennbare Verb	ein|kaufen, ab|fahren
das Modalverb	müssen, können, sollen, dürfen
das Adjektiv	lang, groß, schön, blau, gelb
das Pronomen	ich, dich, dir, etwas, alles, wer?
das Personalpronomen	ich, du, Sie, mich, dich, dir, Ihnen
das Indefinitpronomen	man, etwas, nichts, alles
das Fragepronomen	wer? was? wen?
das Adverb	gern, heute
die Präposition	in, an, auf, seit, von, mit
die Konjunktion	und, oder, aber, denn, weil

1 Person

Name

Wer?

Wie?

der Name, -n	heißen
der Vorname, -n	der Familienname, -n
der Herr	die Frau

> **Wer** sind Sie?
> **Wie** heißen Sie?
> Ich **heiße** Selma Maier. / Mein **Name** ist …
> Sehr geehrte/r **Herr/Frau** Maier, …

Geburtstag

das Geburtsjahr, -e	der Geburtstag, -e
geboren	
das Alter *Sg.*	alt

> Wann sind Sie **geboren**? – Am 31.10.1993.
> Wie **alt** sind Sie? – Ich bin 28 Jahre **alt**.

Familienstand

der Familienstand *Sg.*

ledig	verheiratet
geschieden	
der Witwer, –	die Witwe, -n
männlich	weiblich

> Ich bin **ledig**.

Beruf

der Beruf, -e

Was?

der Hausmann, "-er	die Hausfrau, -en
der Student, -en	die Studentin, -nen
der Schüler, –	die Schülerin, -nen

> **Was** sind Sie von **Beruf**? – Ich bin Verkäufer.

Land

das Land, "-er

Deutschland	deutsch
der Deutsche, -n	die Deutsche, -n
ein Deutscher	eine Deutsche
Europa	europäisch
der Europäer, –	die Europäerin, -nen
global	
anders	

Ort

der Geburtsort, -e

Woher?

sein

kommen

Wo?

wohnen

die Adresse, -n

die Postleitzahl, -en

   33615 Bielefeld

die Stadt, Städte	der Kreis, -e
die Straße, -n	
die Hausnummer, -n	

> **Woher kommen** Sie? –
>   Ich **bin** aus der Türkei. / aus Izmir.
>   Ich **komme** aus dem Senegal. / aus Dakar.
> **Wo wohnen** Sie? –
>   In Bonn.
>   In der Baumstraße 11.

TIPP   Ich komme   aus Ghana / aus Mexiko / aus Deutschland …

   Aber: Ich komme   aus **der** Türkei/Schweiz / aus **den** USA/Niederlanden / aus **dem** Senegal/Sudan …

Welche Wörter kennen Sie? Markieren Sie.

TIPP | Lernen Sie die anderen Wörter mit Lernkarten.

Können Sie Englisch? Englisch hilft beim Deutschlernen.
Finden Sie Wörter, die gleich oder ähnlich sind.

Haus – house
Name – ...

TIPP | Jeden Tag zehn Minuten üben.

Vokale spricht man lang oder kurz. Lesen Sie laut:

1. von links nach rechts: 2. oben – unten:

die Stadt
der Name

die Stadt, die Nummer

	1	2	3	4	5	6
kurz	die Stadt	die Nummer	der Student	kommen	(ich) bin	Herr Müller
lang	der Name	der Beruf	ledig	geboren	geschieden	der Schüler

Markieren Sie 15 Wörter mit langem Vokal aus der Liste auf Seite 7. Sprechen Sie die Wörter laut.

---

1   Was passt zusammen?

1. Land	_____	a)	Schmitt
2. Familienname	_____	b)	Marcello
3. Straße	_____	c)	Rio de Janeiro (Brasilien)
4. Hausnummer	_____	d)	1982
5. Postleitzahl	_____	e)	Blumenstraße
6. Geburtsjahr	_____	f)	34
7. Stadt (Wohnort)	_____	g)	69115
8. Geburtsort (Land)	_____	h)	Heidelberg
9. Vorname	*1*	i)	Deutschland

2 Wer sind Sie? – Ergänzen Sie.

Vorname: _____

Familienname: _____

Geburtsort: _____

Land: _____

Familienstand: ⟳ _____ ⟲ _____ ♀♂ _____

Alter: _____   Geschlecht: ♀ _____ ♂ _____

3 Zur Person – Ergänzen Sie den Dialog mit Wörtern aus der Liste auf Seite 7.

> (die) Adresse • alt • Aus • geboren • (der) Geburtstag •
> ~~heißen~~ • Jahre • (der) Schüler • (der) Student • wann •
> weiblich • Wie • Wo • Woher • Mein Name

● Wie ___*heißen*___ Sie?

○ M_____ N_____

   ist Bula Chaudhuri.

● Geschlecht: männlich oder _____?

○ Wie bitte?

● Oh, entschuldigen Sie. Also … männlich. Äh … w_____ haben Sie Geburtstag?

○ Heute!

● Oh! Herzlichen Glückwunsch zum _____!

○ Danke, danke!

● W_____ a_____ sind Sie?

○ 20 J_____.

● W_____ kommen Sie?

○ A_____ Indien.

● W_____ sind Sie g_____?

○ In Pondicherry, Südindien.

● Wo wohnen Sie?

○ Meine A_____ ist: 64625 Bensheim, Baumweg 5.

● Sind Sie S_____r?

○ Nein, ich bin S_____. Ich studiere Informatik in Darmstadt.

4 E-Mail – Ergänzen Sie mit Wörtern aus der Liste auf Seite 7.

Sehr geehrter _____ Müller, sehr geehrte _____ Müller,

vielen Dank für Ihre E-Mail. Hier einige Informationen über mich. Ich _____ 23 J_____

alt und zurzeit H_____ von Beruf. Wir haben ein Baby. Es ist 3 Monate alt. Meine F_____

ist S_____. **Sie** studiert Deutsch und Mathematik. Wir suchen eine Wohnung …

Mit freundlichen Grüßen
Tim Schmollner

5 Nationen – das Land, die Menschen, Adjektive

Österreich	der Österreicher / die _____in	österreichisch
die Schweiz	der Schweizer / _____	_____
D_____	der _____ / die _Deutsche_	_____
E_____	_____ / _____	_europäisch_

Ihr Land und Ihre Nationalität:

_____   _____ / _____   _____

MEHR ÜBEN?   Welche Länder und Nationalitäten kennen Sie noch auf Deutsch? Notieren Sie und kontrollieren Sie mit
dem Wörterbuch.

6 Zur Person – Schreiben Sie die Fragen.

sind Sie geboren? • sind Sie von Beruf? • kommen Sie? • wohnen Sie? • sind Sie geboren? • ~~heißen Sie?~~

Name	Wie	_heißen Sie?_ _____
Geburtsjahr	Wann	_____
Geburtsort	Wo	_____
Wohnort	Wo	_____
Land	Woher	_____
Beruf	Was	_____

2 Familie und Freunde

Familie

die Familie, -n

(sich) treffen

der/die Angehörige, -n *meistens Pl.*

der/die Verwandte, -n

haben

die Gruppe, -n

der Mann, "-er	die Frau, -en

die Ehe

der Ehemann, "-er	die Ehefrau, -en
der Ehepartner, –	die Ehepartnerin, -nen
der Freund, -e	die Freundin, -nen
die Eltern *Pl.*	die Großeltern *Pl.*
der Vater, "–	die Mutter, "–
der Opa, -s	die Oma, -s
der Großvater, "–	die Großmutter, "–
der Onkel, –	die Tante, -n

das Kind, -er

das Baby, -s

der Junge, -n	das Mädchen, -
der Sohn, "-e	die Tochter, "–
der Bruder, "–	die Schwester, -n
der Cousin, -s	die Cousine, -n

die Geschwister *Pl.*

sehen	kennen
mögen	lieben
ja	nein

vorstellen

> Wie oft **trifft** sich die **Familie**?
> Ich **habe** hier keine **Angehörigen**.
> Ich **sehe** meinen Freund nur am Wochenende.
> **Kennst** du viele Leute hier?
> **Magst** du deinen **Bruder**?
> Ich **liebe** meine **Schwester**.

Familienleben

das Leben, –	leben
das Glück *Sg.*	glücklich

der Glückwunsch, "-e

gratulieren

der Geburtstag, -e

der Gruß, "–

die Hochzeit, -en

heiraten

gestorben

tot

sich kümmern um

glauben

> Herzlichen **Glückwunsch**!
> Ich **gratuliere** dir herzlich zum **Geburtstag**.
> Mein Vater ist vor drei Jahren **gestorben**.
> Meine Mutter ist schon lange **tot**.
> Ich **kümmere** mich um meinen Vater.
>
> **Lieber** Theo, **liebe** Hedi …
> **Liebe** Grüße,
> Lutz

INFO	ich	mein Bruder / meine Schwester
		meine Brüder und Schwestern

ich	du	er	sie	es	wir	ihr	sie	Sie
mein/e	dein/e	sein/e	ihr/e	sein/e	unser/e	euer/eure	ihr/e	Ihr/e

Welche Wörter kennen Sie? Markieren Sie.
Lernen Sie die unbekannten Wörter mit Lernkarten. Alternative: Ihr Wörterheft.

| TIPP | Welche Wörter sind für Sie schwierig? Markieren Sie die Wörter und sprechen Sie sie dann langsam. Sprechen Sie schwierige Wörter öfter laut. |

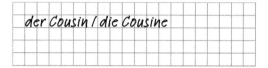

Geschwister – meine Geschwister – Meine Geschwister leben in Moskau.

| TIPP | Kennen Sie noch mehr Wörter zum Thema? Machen Sie Ihre persönliche Liste. |

der Cousin / die Cousine

| TIPP | Familienwörter lernt man gut in Paaren oder Gruppen. |

Vater und Mutter, Bruder und ...

1 Familienwörter – Schreiben Sie die Wörter.

der/mein

Großvater

die/meine (Plural)

_____

die/meine

_____

_____

meine Eltern

_____

ICH

_____

B_____

mein Mann/meine

F_____

_____

S_____

mein S_____

meine K_____

meine T_____

2 Paare – Ergänzen Sie bitte.

der Ehemann — die _____   der J_____ — das M_____

der _____ — die Oma   der M_____ — die F_____

der Partner — die _____   der V_____ — die M_____

MEHR ÜBEN? Schreiben Sie auf ein Blatt.

Familie männlich und weiblich:
Großvater und Großm...

3 Possessivartikel und Familienwörter – Ergänzen Sie.

ich:	mein **Bruder**	meine **Schwester**	meine **Eltern**
du:	d_____	_____	_____
er:	_____	_____	_____
sie:	_____	_____	_____

Dialog 1

● Wohnen _____ Eltern bei Ihnen?

○ Nein, _____ Eltern wohnen noch

in ihrer Wohnung.

Dialog 2

● ___Mein_____ Bruder heißt Kevin.

○ Und d_____ Schwester?

● M_____ Schwester heißt Ava.

Dialog 3

● Wo arbeiten e_____ Eltern?

○ U_____ Eltern sind Lehrer. Sie unterrichten beide in der Hölderlin-Realschule.

Dialog 4

● Meine Freundin Linda ist 56, _____ Mutter ist 88. Aber _____ Vater ist

schon gestorben.

○ Mein Freund ist 45. Er hat noch _____ Großmutter. Sie ist 99.

4 Liebesgeschichten

a   **Überlegen Sie: Kennen Sie die Formen von** *mögen, haben, sehen, sein, treffen*?

> *ich mag, du magst • er/sie … • ich treffe, du triffst, er/sie … • ich bin, du b… …*

b   **Ergänzen Sie die Sätze mit den Verben in der richtigen Form.**

[haben • heiraten • heißen • ~~heißen~~ • kennen • leben • lieben • mögen • sein • sein • treffen]

Ich _____ *heiße* _____ (1) Mario Stamm und ich _____ (2) 26 Jahre alt. Meine Freundin

_____ (3) Marta. Ich _____ (4) sie sehr. Wir _____ (5) im Juli.

Wir _____ (6) schon seit zwei Jahren zusammen. Ich _____ (7) einen Bruder.

Ich _____ (8) ihn sehr. Mein Bruder _____ (9) viele Leute. Er _____ (10)

in drei Vereinen. Wir _____ (11) unsere Freunde am Wochenende.

5 Gratulation – Ergänzen Sie die E-Mail.

L_____ Ana,

du hast heute G_____!

Und du bist erst 22 Jahre jung! H_____ G_____!

L_____ G_____

Ludger

PS: Mario und Marta wollen h_____!

Die H_____ ist am 11. Juli. Toll, was?

6 Eine Glückwunschkarte – Ergänzen Sie.

L_____ Mario,

l_____ Marta,

wir g_____ euch

ganz herzlich zu eurer H_____

und wünschen euch viel G _____

für das Leben zu zweit.

Alles Liebe,

Ludger und Martin

7 Meine Familie – Ergänzen Sie den Dialog mit den Wörtern in der richtigen Form.

[(der/die) Angehörige • (der) Bruder • (der) Bruder • (die) Familie • (die) Geschwister • gestorben •
kümmern • (die) Schwester • tot • treffen • (der/die) Verwandte]

● Hast du viele ___*Angehörige*___ (1), Orest?

○ Ja, meine _____ (2) ist sehr groß.

● Leben deine Verwandten hier?

○ Nein, die meisten leben in Ghana.

Mein Vater lebt in Ghana, aber meine Mutter ist schon _____ (3).

Sie ist vor zwei Jahren _____ (4).

● Wie oft _____ (5) du deine _____ (6)?

○ Meist nur einmal im Jahr.

● Wer _____ (7) sich um

deinen Vater?

○ Ich habe sechs _____ (8).

Drei S_____ (9) und ein

B_____ (10) leben noch

in Ghana. Meine anderen

B_____ *(Pl.)* (11)

und ich überweisen jeden Monat Geld.

3   Körper – Hygiene – Gesundheit – Krankheit

Beim Arzt

der Arzt, "-e	die Ärztin, -nen
der Zahnarzt, "-e	die Zahnärztin, -nen
der Krankenpfleger, –	die Krankenschwester, -n
der Doktor, Doktoren	
die Praxis, Praxen	
die Hilfe, -n	
helfen	
holen	

> **Hilfe**!
> Können Sie mir bitte **helfen**?
> **Holen** Sie bitte einen Arzt.

Krankheit

die Grippe *Sg.*	kriegen
das Fieber *Sg.*	
erkältet sein	
krank sein	gesund sein
der Husten *Sg.*	
der Schnupfen *Sg.*	
gut (gehen)	besser (gehen)
nicht gut (gehen)	schlecht (gehen)

> **Bist** du **krank**? –
>   Ich **bin erkältet**.
>   Ich **habe Husten** und **Schnupfen**.
> Wie **geht** es dir/Ihnen? –
>   Danke, **gut**.
>   Danke, wieder **besser**.
>   Mir **geht** es **schlecht**.
>   Mir **ist schlecht**.
> Du siehst **schlecht** aus. Was ist los?

Körperteile

der Mensch, -en	
der Kopf, "-e	
das Gesicht, -er	
das Auge, -n	sehen
	lesen
die Nase, -n	riechen
das Ohr, -en	hören
	verstehen
der Mund, "-er	lachen
schmecken	
probieren	
essen	trinken
das Haar, -e	
kurz	lang
aussehen (wie)	
der Arm, -e	
die Hand, "-e	schreiben
der Fuß, "-e	
das Bein, -e	
der Bauch, "-e	
das Gewicht *Sg.*	
stehen	
gehen	
laufen	
(sich) waschen	
(sich) duschen	

Welche Wörter kennen Sie? Markieren Sie. Machen Sie Karten für die unbekannten Wörter.

Kennen Sie noch mehr Wörter zum Thema? Machen Sie Ihre persönliche Liste.

> *der Zahn, die Zähne, Zähne putzen …*
> *der Augenarzt …*

TIPP   Wörter mit Bildern lernen

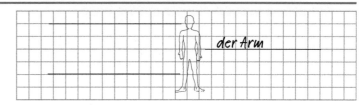

Wörter mit *h* – Sprechen Sie die Wörter.

Sie sprechen das *h*:   die **H**ilfe • **h**elfen • **h**abe • **h**ören • der **H**usten • die **H**and

Sie sprechen kein *h*:   der Z**a**hnarzt • Wie g**e**ht es **I**hnen? • g**e**hen • st**e**hen • s**e**hen • du s**ie**hst

Wörter mit *ch* und *sch* – Sprechen Sie.

1. von links nach rechts:

2. von oben nach unten:

> 1 rie**ch**en
>
> la**ch**en
>
> wa**sch**en

> rie**ch**en – das Gewi**ch**t …

1	2	3
rie**ch**en	das Gewi**ch**t	ni**ch**t
la**ch**en	der Bau**ch**	au**ch**
wa**sch**en	**sch**mecken	du**sch**en

1 Verbinden Sie die Körperteile mit der Figur.

der Arm, -e
der Fuß, "-e
das Bein, -e
die Hand, "-e
das Auge, -n
die Nase, -n
das Ohr, -en

der Kopf, "-e
das Gesicht, -er
das Haar, -e
der Mund, "-er
der Bauch, "-e

2 Schreiben Sie die passenden Körperteile zu den Verben. Es gibt manchmal mehrere Möglichkeiten.

gehen	*der Fuß, das Bein*	stehen	
sprechen		riechen	
sehen		laufen	
schmecken		schreiben	
hören		lesen	
verstehen		lachen	

3 Krank und gesund – Ergänzen Sie bitte.

Dialog 1

[(der) Arzt • (der) Doktor • (das) Fieber • gehen • (die) Grippe • krank • (die) Praxis • ~~aussehen~~]

● Du __*siehst*_____ aber schlecht __*aus*_____.

  Was ist los? Bist du _____?

○ Mir _____ es nicht gut.

  Ich habe G_____.

  Ich habe F_____, 38,5 Grad.

● Fieber? Dann musst du zum _____ gehen.

  Ich gebe dir die Telefonnummer von _____ Sanus.

  Seine _____ ist in der Hauptstraße 38.

Dialog 2

[besser • erkältet • gehen • gesund • gut • gut • (der) Husten • (der) Schnupfen • nicht]

● Wie g_____ es Ihnen?

○ Danke, g_____, und Ihnen?

● Leider n_____ so g_____. Ich bin e_____.

  Ich habe seit drei Tagen H_____ und Sch_____ und kann

  nicht gut schlafen.

  Und bei Ihnen? Geht es Ihnen wieder b_____?

○ Ja, Gott sei Dank! Ich bin schon wieder ganz g_____!

● Na, das ist ja schön.

Dialog 3

[duschen • (das) Gesicht • Haare • Haare • Hände • aussehen]

● Wie _____ du denn _____?

○ Wieso?

● Na, schau mal, deine _____, dein _____,

  deine _____!

  Du musst _____ und die _____ waschen.

Dialog 4

● Ahhhhhhhhhggrrrrrrrrrr!

○ Was hast du? Wo willst du hin?

● Ich muss zum Z_____.

4 Gut essen – Ergänzen Sie.

● Hm, die Pommes frites sehen gut aus.

Darf ich mal _____?

○ Ja, klar. – Und wie _____ sie dir?

● Sehr gut.

5 Wörter in Paaren lernen.

1. Ich habe Husten und _Schn_____.

2. Er hat Grippe mit _F_____.

3. Wir müssen Augen und _O_____ offen halten.

4. Er redet mit Händen und _F_____.

6 Ein Unfall – Ergänzen Sie.

[(der) Arzt • (der) Doktor • helfen •
~~Hilfe~~ • Hilfe • (die) Praxis • holen]

H_____ Sie bitte! H_____ Sie einen A_____!

D_____ Sanus hat seine P_____ 100 Meter von hier. Hauptstraße 38.

7 Wortschlange – Wie viele Wörter finden Sie?

ARZTDOKTORZAHNARZTPRAXISHELFENHOLENERKÄLTETKRANKGESUNDGUTBESSERSCHLECHTSCHREIBENGEHENSTEHENLAUFENSEHEN
LESENRIECHENHÖRENVERSTEHENSCHMECKENPROBIERENESSENTRINKENBAUCHGEWICHTWASCHENDUSCHEN

_____

_____

_____

4 Post – Telefon – Bank – Ämter – Polizei

Adresse

die Adrẹsse, -n
der Ạbsender, –   der Empfạ̈nger, –
der Name, -n
die Straße, -n (Rathausstr. = Rathausstraße)
die Pọstleitzahl, -en
die Stạdt, Stạ̈dte

> Wie ist Ihre **Adresse**?
> Wie heißt die **Postleitzahl**?

Post

der Brief, -e   die Briefmarke, -n
die Pọst *Sg.*
geöffnet   geschlọssen
der Automạt, -en   automạtisch
der Schạlter, –
ạbgeben

> einen **Brief** schreiben
> zum **Schalter** gehen
> einen **Brief** abgeben
> Wie schwer ist der **Brief**?
> Was kostet die **Briefmarke**?

Telefon und E-Mail

das Telefon, -e   telefonieren
hạllo
die Telefọnnummer, -n
die (E-)Mail, -s   mailen
das Ịnternet *Sg.*
der Tarịf, -e
mö̈glich

> eine **E-Mail** schreiben
> die **E-Mail**-Adresse
> Schnelles **Internet** ist **möglich**.

Antrag

das Ạmt, "-er
der Ạntrag, "-e   ausfüllen
das Formulạr, -e
buchstabieren
die Ụnterschrift, -en   unterschreiben
befrịstet

> einen **Antrag ausfüllen**
> den Namen **buchstabieren**

Bank

die Bạnk, -en
das Gẹld *Sg.*   ạbheben
das Kọnto, Kọnten
die (Kredịt-)Kạrte, -n
der Gẹldautomat, -en
BỊC (Business Identifier Code)
die Kọntonummer, -n (IBAN = International Bank
Account Number)
die Bạnkverbindung, -en
die Bạnkleitzahl, -en (BLZ)
der Bạnkkaufmann, -leute
die Bạnkkauffrau, -leute
die Überweisung, -en   überweisen

> zur **Bank** gehen
> Ich muss **Geld** holen.

Polizei

die Polizei *Sg.*
der Ạusweis, -e   die Papiere *hier Pl.*
der Pạss, "-e
die Ọrdnung *Sg.*

> die **Polizei** holen   zur **Polizei** gehen

**Welche Wörter kennen Sie? Markieren Sie.
Machen Sie Karten für die unbekannten Wörter oder
schreiben Sie sie in Ihr Wörterheft.**

> *buchstabieren*
>
> *Buchstabieren Sie den*
>
> *Namen.*

Wortakzent – Lesen Sie die Wörter laut.

abgeben
● · ·

ausfüllen
● · ·

(der) Absender
· ● · ·

telefonieren
· · ● ·

buchstabieren
· · ● ·

(die) Papiere
· · ● ·

(der) Geldautomat
· ● · ·

(die) Kontonummer
· ● · ·

(die) Kreditkarte
· · ● ·

telefonieren
· · ● ·

aber: (das) Telefon
· ● · ·

1 Brief – Ordnen Sie zu.

(die) Postleitzahl • (der) Name • (der) Absender • (die) Stadt • (die) Briefmarke • (die) Straße •
(der) Empfänger

(1) _____

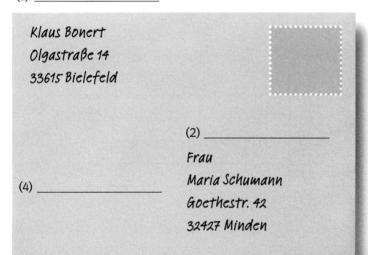

Klaus Bonert
Olgastraße 14
33615 Bielefeld

(2) _____

Frau
Maria Schumann
Goethestr. 42
32427 Minden

(4) _____

(7) _____

(3) _____

(5) _____

(6) _____

2 Post – Schreiben Sie die richtigen Wörter in den Dialog.

Dialog 1

(der) Automat • geschlossen • ~~geöffnet~~ • (die) Briefmarke • (der) Brief • (die) Post

● Hat die Post um 13.00 Uhr __geöffnet__ (1)?

○ Nein, d_____ _____ (2) in der Spindelstraße hat von 13.00 bis 14.00 Uhr _____ (3)

● M_____ _____ (4) muss heute noch weg. Hast du e_____ _____ (5)?

○ Nein. Aber an der Post ist e_____ _____ (6) für Briefmarken.

● Danke.

Dialog 2

[(der) Schalter • (die) E-Mail • schwer • (der) Absender • ~~kosten~~ • (der) Schalter]

● Was __*kostet*__ der Brief in die Türkei?

○ Es tut mir leid, aber dieser _____ ist geschlossen. Gehen Sie bitte an den Schalter 5.

● Gut. – Was kostet der Brief in die Türkei?

○ Der ist _____. Das macht 1.50 Euro. Hier fehlt der _____.

Den müssen Sie noch auf den Brief schreiben.

● Das ist ja kompliziert. Das nächste Mal schreibe ich lieber eine _____.

3   Bank – Ergänzen Sie.

1. Bei der Bank hat man ein _____.

2. Der Antrag ist fertig. Aber hier fehlt noch Ihre _____.

3. Sie müssen die _____ unterschreiben. (Nomen von 6)

4. Sie haben bei der Sparkasse ein Konto. Wie heißt Ihre _____?

5. Jede Bank oder Sparkasse hat eine _____.

6. Viele Rechnungen muss man _____.

```
      1 [ ][N][ ][ ]
        2 [ ][N][ ][ ][ ][ ][ ][ ][ ]
  3 [ ][ ][ ][ ][ ][ ][N][ ][ ][ ][ ]
        4 [ ][N][ ][ ][ ][ ][ ]
        5 [ ][N][ ][ ][ ][ ]
  6 [ ][ ][ ][ ][ ][ ][N][ ][ ][ ]
```

4   Geld holen – Ergänzen Sie den Dialog.

[(die) Bank • (die) Karte • (das) Geld • (der) Geldautomat • gehen • holen • ~~brauchen~~ •
(die) Überweisung]

● Ich __*brauche*__ Geld, wo ist der nächste _____?

○ Am Bahnhof. Aber ich muss erst zu meiner Bank _____,

meine neue _____ abholen und eine _____ abgeben.

_____ _____ macht gleich zu.

● Wo ist deine Bank?

○ Am Rathaus.

● Gut, dann _____ ich auch dort _____.

Da ist ja auch ein Geldautomat.

5 Telefon und Internet – Ergänzen Sie den Dialog.

Dialog 1

[(der) Familienname • (das) Formular • (das) Telefon • buchstabieren • (die) Adresse • ausfüllen]

Anzahl	Artikelbezeichnung	Monatlich	Einmalig	Warenpreis
1	**XXL Fulltime/T-Net**	35,95 €[1]	59,95 €[1]	0,00 €
	5 Euro Gutschrift für Ihre Online-Bestellung		5,00 €	
1	**Rechnung Online**	0,00 €	0,00 €	0,00 €[2]
	Gutschrift für Online-Bestellung Rechnung Online		10,00 €	
	Versandkosten			0,00 €

Auftraggeberin/Auftraggeber	
Anrede	Herr
Vorname*	Josef
Nachname	Bognacki
Firma	
Straße/Hausnummer	
Gebäude/Stockwerk	
PLZ/Ort*	
E-Mail-Adresse	
Rückrufnummer tagsüber*	
Geburtsdatum (TT.MM.JJJ)*	

● Ich möchte ein _Telefon_ beantragen.

○ Wir können das _____ gleich am PC

_____ . Wie ist Ihr Name?

● Mein _____ ist Bognacki,

Josef Bognacki.

○ Können Sie das bitte _____?

● B o g n a c k i .

○ Und wie ist Ihre _____?

● Lessingstraße 2, 33602 Bielefeld.

Dialog 2

[die Bank • (die) Bankverbindung • überweisen • unterschreiben • (das) Internet • (die) IBAN • (der) Tarif • (der) Antrag]

● Können Sie mir das Geld _überweisen_ ?

○ Ja, bitte geben Sie mir Ihre _____ . Wie heißt Ihre _____?

● Neue Sparkasse.

○ Und wie ist Ihre _____?

● DE47 0501 6100 0000 6960 12

○ Gut, bitte _____ Sie hier, dann ist der _____ fertig.

Haben Sie _____? Wir können Ihnen einen günstigen _____ für

Online-Banking anbieten.

6 Was passt? – Markieren Sie.

1. einen Brief	schreiben	ausfüllen	abgeben
2. eine Briefmarke	bekommen	kaufen	kosten
3. einen Antrag	ausfüllen	anmelden	unterschreiben
4. ein Formular	buchstabieren	ausfüllen	bekommen
5. eine E-Mail	schreiben	abgeben	schicken

7 Was passt nicht zu dem Thema?

1. die Bank   Geld holen • die Überweisung • das Konto • der Absender • unterschreiben

2. der Brief   die Adresse • die Bankleitzahl • die Straße • schreiben • die Briefmarke • das Formular

3. die Adresse   die Straße • der Vorname • die Postleitzahl • die Stadt • die E-Mail-Adresse

8 Kombinieren Sie die Wörter mit den Verben.

$\Big[$ schreiben • holen • ausfüllen • haben $\Big]$

einen Brief _____   eine Adresse _____

Geld _____   den Namen _____

ein Formular _____   den Ausweis _____

9 Polizeikontrolle – Ergänzen Sie.

$\Big[$ (der) Ausweis • ~~(die) Papiere~~ • (der) Alkohol • (der) Pass • (die) Arbeit • (die) Papiere • kommen • fahren $\Big]$

● Bitte steigen Sie aus. Kann ich Ihre _*Papiere*_ sehen?

○ Bitte. Brauchen Sie auch meinen _____?

● Ja.

○ Ich habe nur meinen _____.

● Das ist in Ordnung. Haben Sie _____ getrunken?

○ Nein, ich _____ gerade von meiner

_____ und will nach Hause.

● Hm, heute ist das große Stadtfest und da trinken viele Leute ein Bier zu viel und _____ mit

dem Auto. Bei Ihnen ist alles in Ordnung – hier sind Ihre _____. Guten Abend.

○ Danke und guten Abend.

10 Welcher Satz passt zu welcher Situation?

Ich rufe die Polizei!!

*Mein Fahrrad ist weg!
Ich muss zur Polizei gehen
und eine Anzeige machen.*

*Wir müssen die
Polizei holen.*

*Ein Nachbar hat angerufen.
Bitte machen Sie die Musik
leiser. Es ist 1.00 Uhr.*

*Polizei! Öffnen Sie,
hier ist die Polizei!*

5 Verkehr

Autoverkehr

das Auto, -s	der LKW, -s
das Taxi, -s	der Fahrer, –
die Straße, -n	der Platz, "-e
die Autobahn, -en	
hier	
fahren	langsam
	(so) schnell
müssen	dürfen
sollen	wollen
erlauben	erlaubt
verbieten	verboten
wo?	wohin?
geradeaus	
nach/von rechts	links
benutzen	
eigener, eigenes, eigene	
eilig	
die Information, -en	
die Reparatur, -en	reparieren

> Sie müssen **hier langsam** fahren.
> Fahr nicht so **schnell**. **Hier** ist 30-km-Zone.
> Sie **müssen hier** Tempo 30 fahren.
> Parken ist **hier erlaubt**.
> **Hier dürfen** Sie parken.
> **Hier** ist Parken **verboten**.
> **Hier dürfen** Sie nicht parken.
> **Vorsicht!** – Von rechts kommt ein Auto.
> **Achtung!** – Hier spielen Kinder.
> Bitte fahren Sie nach **rechts**.

Öffentlicher Verkehr

nehmen

der Bus, -se	die Straßenbahn, -en
die S-Bahn, -en	die Bahn, -en
der Zug, "-e	der ICE, -s
der Bahnhof, "-e	die Haltestelle, -n
halten	enden
einsteigen	aussteigen
normal	

> Ich nehme die **Straßenbahn** um 12.10 Uhr.
> Der Zug **endet** hier. Bitte **aussteigen**.

Bahnhof

der Automat, -en	
die Fahrkarte, -n	das Ticket, -s
einfach	hin und zurück
das Gleis, -e	der Bahnsteig, -e

> Der Zug hält heute auf **Gleis** 3.
> Der Zug fährt auf **Bahnsteig** 5 ab.

Zu Fuß und mit dem Fahrrad

das Fahrrad, "-er	Rad fahren
gehen	laufen
weg sein	

> **Rad** fahren
> zu Fuß **gehen**
> Gleich **bin** ich **weg**.

Welche Wörter kennen Sie? Markieren Sie.
Machen Sie Karten für die unbekannten Wörter oder schreiben Sie sie in Ihr Wörterheft.

Kennen Sie noch mehr Wörter zum Thema?
Machen Sie Ihre persönliche Liste.

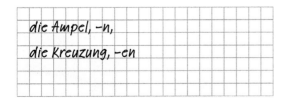

die Ampel, -n,
die Kreuzung, -en

Wartezeiten sind Lernzeiten.
Trainieren Sie Wörter beim Warten.

die Straße, die Straßenbahn, das Auto, der Radfahrer, …

Üben Sie die langen Vokale in Wortgruppen und Sätzen. Sprechen Sie laut.

fahren	das Fahrrad	Rad fahren	Sie fährt mit dem Rad.
fahren	die Straße	die Straßenbahn	Sie fährt mit der Straßenbahn.
nehmen	die Bahn	die Bahn nehmen	Ich nehme die Bahn.
gehen	zu Fuß	zu Fuß gehen	Sie geht zu Fuß.

Sprechen Sie schwierige Wörter öfter laut.

1 Ordnen Sie die Sätze den Bildern zu.

1. Achtung! Hier spielen Kinder.
2. Vorsicht! Hier fährt die Straßenbahn.
3. Fahr nicht so schnell. Du musst hier Tempo 30 fahren.
4. Hier ist das Parken erlaubt.
5. Hier ist Parken verboten.
6. Tickets bekommen Sie am Automat.
7. Das ist eine Fußgängerzone. Hier dürfen keine Autos fahren.
8. Rechts, rechts, du musst rechts fahren.
9. Hier hält der Bus.
10. Die anderen Autos haben Vorfahrt.

_____ a)

_____ b)

_____ c)

_____ d)

_____ e)

_____ f)

_____ g)

_____ h)

_____ i)

_____ j)

2 Kreuzworträtsel – Verkehr

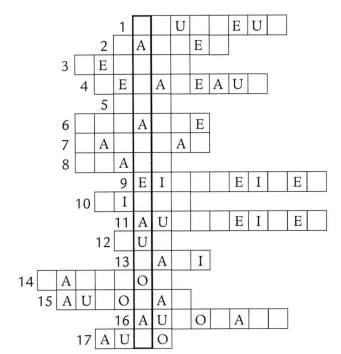

Waagerecht: 1. Ich reise in die USA mit dem … **2.** Sprechen Sie im Bus bitte nicht mit ihm. **3.** links und … **4.** Gehen Sie 100 Meter … und dann links. **5.** Kurz für Lastkraftwagen **6.** Gehen Sie hier links und dann die 3. … wieder links. **7.** … fahren ist gesund und billig. **8.** Viele Städte haben einen Markt… **9.** Bei Nr. 14 und an Haltestellen können Sie in Busse und Bahnen …. **10.** Das Gegenteil von Nr. 3. **11.** Erst machen Sie Nr. 9 und später müssen Sie wieder … **12.** Ein Nr. 5 für Personen. **13.** Es fährt kein Nr. 12 mehr. Sie müssen ein … nehmen. Das ist teuer! **14.** Hier halten die Züge. **15.** Ein Ticket bekommen Sie am … **16.** In Deutschland darf man hier oft auch 200 km/h fahren. **17.** Fast alle Deutschen lieben es. **Senkrecht:** Teil 2 ist Nr. 15 und Teil 1 ein anderes Wort für Ticket.

ß = SS

3 Bahnhof und Bahnfahren – Ergänzen Sie die Sätze.

aussteigen • (das) Auto • (die) Bahn (2x) • (der) Bahnsteig • weg sein • einfach • enden • (die) Fahrkarte • (das) Gleis • zurück

● Ich möchte eine __*Fahrkarte*__ (1) 2. Klasse nach Hamburg.

○ _____ (2) oder hin und _____ (3)?

● Von welchem _____ (4) fährt der Zug nach Hamburg ab?

○ Der ICE fährt von _____ (5) 3 ab.

Im Zug: Wir erreichen jetzt Berlin Hauptbahnhof.

Unser Zug _____ (6) hier.

Bitte alle _____ (7).

● Ich fahre nächste Woche nach Zürich. Ich _____ (8)

von Montag bis Freitag _____ (9).

○ Mit der _____ (10)

oder mit dem _____ (11)?

● Mit der _____ (12).

4   In der Stadt – Ergänzen Sie die Sätze.

> aussteigen • (der) Bus • fahren • (der) Fuß • gehen • geradeaus • halten (2x) • laufen • links • nach •
> nehmen • ~~rechts~~ • (die) Straßenbahn • wo • wohin

Ein Verkehrs-Tipp für Kinder: Schau _____*rechts*_____ (1) und _____ (2) und

_____ (3), so kommst du sicher auch nach Haus.

Ich fahre nie mit der _____ (4) oder mit dem _____ (5).

Ich fahre mit dem Fahrrad oder ich _____ (6) zu _____ (7). Das ist gesund.

S-Bahn-Bahnhof in Berlin:

● Entschuldigung, _____ (8)

    fährt die S-Bahn Nr. 5?

○ _____ (9) Straußberg über

    den Alexanderplatz.

In der S-Bahn in Berlin:

● Ich möchte zum Fernsehturm. _____ (10)

    muss ich da a_____ (11)?

○ _____ (12) Sie bis zum Alexanderplatz.

● Entschuldigung, _____ (13) hier

    der Bus Nr. 23?

○ Nein, der _____ (14) an der Haltestelle

    da vorne. _____ (15) Sie schnell, der Bus kommt gleich.

● Wann kommt deine Bahn?

○ Ich _____ (16) die um 8.43 Uhr.

5   Silbenrätsel – Wie viele Wörter zum Thema „Verkehr" finden Sie? (ß = SS)

AU   ~~BAHN~~   BAHN   EIN   EIN   FACH   FAH   GE   GEN   HAL   HEN

MAT   REN   RÜCK   ~~S-~~   SSEN   STEI   STRA   TA   TEN   TO   XI   ZU

die S-Bahn

6 Reisen

Welt

die Welt *meistens Sg.*

das Land, "-er

die Stadt, Städte

das Dorf, "-er

der Ort, -e

das Meer, -e

der See, -n

liegen

zwischen

> Der Ort **liegt** am Meer.
> Der Ort liegt **zwischen** A und B.

Bahn

der Zug, "-e

die Auskunft

das Gleis, -e   der Bahnsteig, -e

die Durchsage, -n

die Abfahrt *Sg.*   abfahren

die Ankunft *Sg.*   ankommen

der Anschluss

pünktlich

die Fahrkarte, -n

einfach   hin und zurück

> den **Zug** nehmen
> Der **Zug** fährt von **Gleis** 3 ab.
> Wir treffen uns auf dem **Bahnsteig**.
> Hören Sie auf die **Durchsage**.
> **hin und zurück** fahren

Flugzeug

der Flughafen, "-   das Flugzeug, -e

der Flug, "-e   fliegen

der Abflug, "-e   abfliegen

das Ticket, -s

der Zoll *meistens Sg.*

das Ausland *Sg.*   ausländisch

der Ausländer, –   die Ausländerin, -nen

> Wann geht das **Flugzeug**?
> Was kostet der **Flug**?
> Wann **fliegst** du **ab**?
> durch den **Zoll** gehen
> ins **Ausland** fahren
> Ich bin **Ausländer/in**.

Urlaub

der Urlaub, -e

der Prospekt, -e

die Reise, -n   reisen

das Reisebüro, -s

der Reiseführer, –

> **Urlaub** machen
> Wir machen **Urlaub** am Meer.
> Unser **Reiseführer** heißt Peter. *(Person)*
> Ich kaufe einen **Reiseführer** von Paris. *(Buch)*

In der Stadt

der Plan, "-e

der Stadtplan, "-e

das Taxi, -s

der Ausflug, "-e

besichtigen

der Dom, -e

die Sehenswürdigkeit, -en

der Eintritt *Sg.*

die Führung, -en

das Foto, -s

die Karte, -n

fremd

> den **Dom** besichtigen
> Welche **Sehenswürdigkeiten** gibt es hier?
> Was kostet der **Eintritt**?
> ein **Foto** machen
> eine **Karte** schreiben

Übernachten

das Hotel, -s

die Jugendherberge, -n

die Übernachtung, -en   übernachten

das Einzelzimmer, –   das Doppelzimmer, –

der Balkon, -s/-e

der Blick, -e

die Rezeption, -en

die Anmeldung, -en   (sich) anmelden

die Halbpension *Sg.*

inklusive

das Restaurant, -s

---

ein **Doppelzimmer** nehmen

ein Zimmer mit **Balkon**

Der **Blick** ist sehr schön.

an der **Rezeption** fragen

sich an der **Rezeption** anmelden

Gepäck

das Gepäck *Sg.*   der Koffer, –

die Tasche, -n   der Rucksack, "-e

die Kleidung *Sg.*

der Schuh, -e   die Jacke, -n

die Größe, -n

---

mit viel/wenig **Gepäck** reisen

Welche **Größe** hast du? – Größe XXL.

Welche Wörter kennen Sie? Markieren Sie.
Machen Sie Karten für die unbekannten Wörter oder schreiben Sie sie in Ihr Wörterheft.

INFO   *nach* + Stadt/Land

Ich fahre nach München / nach Polen.

zu/zum (zu dem) / zur (zu der) + Person und Ort/Platz

Ich gehe zu Familie Schmidt.   Ich fahre zum Schillerplatz.   Ich gehe zur Schule.

Wortakzent

holen	**ab**holen	Sie holt das Gepäck **ab**.
	•	•
kommen	**an**kommen	Er kommt **an**.
•	•	•

Sprechen Sie die Wörter mit langem Vokal aus der Liste auf Seite 29–30 laut.

---

1   Mit dem Zug reisen (Am Bahnhof): Ergänzen Sie. Die Wörter in der Liste auf Seite 29 helfen.

1. Am Mittwoch fahren wir nach München. Wir nehmen den _Zug_____ um 8.30 Uhr.

2. Der Zug fährt von G_____ 3 ab. Treffen wir uns auf dem B_____?

3. ● Bitte eine F_____ nach München.

    ○ Einfach oder hin und z_____?

    ● E_____, bitte.

    ○ Die A_____ ist um 8.01 Uhr auf Gleis 1.

4. ● Kommt der Zug p_____?

    ○ Nein, bitte achten Sie auf die D_____ am Bahnsteig.

2 Wie heißen die Nomen?

1. ankommen   *die Ankunft*

2. abfahren   _____

3. reisen   _____

4. anmelden   _____

5. übernachten   _____

6. abfliegen   _____

3 Am Flughafen – Ergänzen Sie den Dialog.

> (das) Flugzeug • abfliegen • zurück • fliegen • abholen • (das) Ticket • (der) Flughafen • (der) Zoll • (die) Autobahn • (der) Abflug • ~~(das) Taxi~~

● Bitte bestell mir e*in Taxi*_____ (1) zum Flughafen.

○ Wann _____ (2) du genau?

● D_____ _____ (3) geht um 19.30 Uhr.

Ich muss eine Stunde vor dem _____ (4)

am Flughafen sein. D_____ _____ (5)

habe ich in der Tasche.

○ Wann kommst du _____ (6)?

● Am Sonntag. Kannst zu mich vom _____ (7) abholen?

○ Wann? Ich arbeite bis 19 Uhr.

● Ich _____ um 16 Uhr 30 _____ (8) und komme um 19 Uhr 45 an.

Dann muss ich noch durch d_____ _____ (9).

○ Gut, ich kann dich _____ (10). Ich brauche nur eine halbe Stunde auf d_____

_____ (11).

4 Urlaub in der Heimat – Ergänzen Sie.

> (das) Ausland • (das) Dorf • (der) Ort • ~~(der) Urlaub~~ • (der) Ausländer • liegen • zwischen

● Was macht ihr dieses Jahr im *Urlaub*_____ (1)?

Seid ihr in Deutschland oder fahrt ihr ins _____ (2)?

○ In Deutschland bin ich _____ (3) und im

Sommer fahre ich nach Hause, nach Saraburi.

● Ist das eine Stadt oder e_____ _____ (4)?

○ Das ist eine kleine Stadt _____ (5) Bangkok und Lopburi.

● Liegt d_____ _____ (6) am Meer?

○ Nein, Saraburi _____ (7) im Land, 100 km nördlich von Bangkok.

5 Reiseplanung – Ergänzen Sie.

(der) Flug • (das) Angebot • reisen • ~~(das) Reisebüro~~ • (der) Urlaub • (die) Gruppe •
(die) Übernachtung • (das) Meer • (der) Prospekt • (die) Reise • (der) Reiseführer • (die) Welt

● Schatz, ich war heute im _Reisebüro_ (1). Hier sind d_____ _____ (Pl.) (2).

Wir _____ (3) nach China!

○ Was? Eine _____ (4) nach China ist zu weit! Das ist ja eine Reise um die halbe

_____ (5)! Wir haben nur zwei Wochen _____ (6)!

● Sieh mal hier! Das ist ein interessantes _____ (7) und nicht teuer. Wir reisen in einer

_____ (8) und haben einen _____ (9). Zehn _____ (Pl.) (10)

und der _____ (11) sind im Preis inklusive.

○ Hmm, das stimmt, aber ist das Urlaub? Sonne, _____ (12), schlafen, wandern, …

6 Einen Ausflug planen – Ergänzen Sie.

kosten • (der) Stadtplan • (der) Dom • ~~(der) Ausflug~~ • besichtigen • (die) Führung • (das) Foto •
(der) Eintritt • (der) Prospekt • (die) Sehenswürdigkeit

Sehr geehrte Damen und Herren,

wir möchten am Wochenende e_inen_ _Ausflug_ (1) nach Köln machen.

Bitte schicken Sie uns _____ (Pl.) (2) über Köln. Gibt es auch e_____ _____ (3)?

Wir möchten auf jeden Fall den Dom _____ (4). Er ist ja d_____ _____ (5)

von Köln. Bis wann hat d_____ _____ (6) geöffnet? Gibt es e_____ _____ (7)?

Wann? Was _____ (8) sie? Muss man _____ (9) bezahlen? Darf man im Dom

_____ (Pl.) (10) machen?

Bitte senden Sie die Informationen an:
Petra Puttmann
Hintergasse 13
69221 Dossenheim
p.puttman@wit.de

Vielen Dank und mit freundlichen Grüßen
Petra Puttmann

7 Übernachtung im Hotel – Ergänzen Sie.

(das) Hotel • (der) Balkon • (die) Person • das Einzelzimmer • (der) Gruß • (die) Übernachtung • (die) Jugendherberge • ~~(das) Doppelzimmer~~ • (der) Blick

Lieber Max,

die Sonne scheint, der Himmel ist blau und wir haben ein wunderschönes

___Doppelzimmer___ mit _____. D_____ _____ kostet nur

60 Euro für 2 _____ (Pl.). In d_____ _____ bezahlt man

25 Euro pro (für eine) Person!! D_____ _____ ist ein Tipp.

Es gibt auch e_____ _____ ohne Balkon, aber mit einem schönen

_____ auf das Meer!

Liebe _____ (Pl.)

von Jonas und Marie

8 Kreuzworträtsel – Hotel

Waagerecht:
4. Hier melden Sie sich an.
5. … ziehen Sie an (Füße). (Pl.)
6. Hier schlafen Sie allein.
9. Sie haben wenige Sachen dabei. Eine … reicht Ihnen für die Reise.
10. Sie haben viele Sachen dabei. Sie brauchen einen … auf der Reise.

Senkrecht:
1. Ziehen Sie eine … an. Es ist kühl.
2. Sie müssen an der Rezeption ein Formular ausfüllen. Das ist eine …
3. Das benutzen Jugendliche oft auf Reisen für ihre Kleidung.
4. Hier können Sie essen.
7. Ihre Jacke hat … XXL.
8. Sie sind nur eine Nacht im Hotel, dann haben Sie wenig …

Bei Großbuchstaben (GROSS) immer SS statt ß.

7 Essen und Trinken: Einkaufen

Einkaufen

das Geschäft, -e
der Laden, "–
der Kiosk, -e
schließen   geschlossen
auf sein   zu sein
der Verkäufer, – die Verkäuferin, -nen
bekommen
möchten
das Angebot, -e
der Kunde, -n   die Kundin, -nen
kaufen   einkaufen
holen
mitbringen
brauchen
nichts
auch

> Wann **schließen** Sie? – Um 20 Uhr.
> Der Laden ist **geschlossen**.
> Was **bekommen/möchten** Sie?
> Ich **kaufe** noch Milch.
> **Holst** du **auch** etwas Obst?
> Soll ich **auch Getränke** mitbringen?
> Ich brauche **nichts**.

Geschäfte

die Metzgerei, -en das Fleisch *Sg.*
        der Schinken *Sg.*
die Bäckerei, -en   das Brot, -e
        das Brötchen, –
der Bäcker, –   die Bäckerin, -nen
der Supermarkt, "-e

Lebensmittel

die Lebensmittel *Pl.*
das Obst *Sg.*
der Apfel, "–
die Banane, -n

die Birne, -n
das Gemüse *Sg.*
der Salat, -e
die Tomate, -n
die Paprika, -s *(Gemüse)*
die Olive, -n

der Reis *Sg.*
die Kartoffel, -n
die Nudel, -n

der Kaffee *Sg.*
der Tee *Sg.*
der Zucker *Sg.*
die Milch *Sg.*
die Sahne *Sg.*
der Kuchen, –

die Butter *Sg.*
das Ei, -er
der Fisch, -e
das Hähnchen, –
das Öl *Sg.*
das Salz *Sg.*

das Getränk, -e
der Saft, "-e
das Wasser *Sg.*
der Wein, -e
das Bier, -e

> Ich nehme einen **Kaffee** mit Milch.
> Wo finde ich das **Salz**?

Farbe

die Farbe, -n

schwarz grau weiß
rot blau gelb
lila grün orange

Mengen

viel	wenig

der Liter, – / l
das Gramm, – / g
das Pfund, – / 500g
das Kilo, -s / kg
das Glas, "-er
das Stück, -e
die Flasche, -n
ein bisschen mehr

> 200 **Gramm** Schinken, bitte.
> Ich möchte ein **halbes Kilo** Tomaten.
> Zwei **Stück** Kuchen, bitte.
> Drei **Flaschen** Bier, bitte.
> Kann es ein **bisschen mehr** sein?

Bezahlen

bar
die (Kredit-)Karte, -n

zahlen	bezahlen

das Geld *Sg.*
die Kasse, -n
der Preis, -e
1 Euro = 100 Cent

teuer	billig	günstig

gleich
kosten

> Ich zahle **bar**.
> Was **kosten** die Tomaten?
> Das Angebot ist **günstig**.

INFO   Das sind Synonyme. Diese Wörter haben fast die gleiche Bedeutung.

günstig = billig   geschlossen = zu sein   der Laden = das Geschäft

Welche Wörter kennen Sie? Markieren Sie.
Machen Sie Karten für die unbekannten Wörter oder schreiben Sie sie in Ihr Wörterheft.

Kennen Sie noch mehr Wörter zum Thema? Machen Sie Ihre persönliche Liste.
Ordnen Sie: Was essen Sie gern? Was essen Sie nicht gern?

TIPP   Sammeln Sie Wörter im Supermarkt. Machen Sie Ihre Wortlisten: Was kaufen Sie wie oft?

einmal pro Tag (täglich)	einmal pro Woche (wöchentlich)	einmal pro Monat (monatlich)

Sprechen Sie die Namen der Lebensmittel aus der Liste laut. Üben Sie so:

Lesen + Sprechen:

die Lebensmittel
das Obst
der Apfel – die Äpfel
die Banane – die Bananen

Sprechen Sie mit geschlossenen Augen:

die Lebensmittel
das Obst
der Apfel – die Äpfel
die Banane – die …

1 Was passt zusammen? Es gibt mehrere Möglichkeiten.

(der) Reis • (die) Butter • (das) Brötchen • (der) Fisch • (die) Kartoffel • (die) Nudeln • (der) Schinken • (das) Wasser • (das) Fleisch • (der) Wein • (das) Bier • (das) Ei • (der) Kuchen • (die) Tomate

vier Liter   _Wasser_

500 Gramm   _____

ein Kilo   _____

6 (Stück)   _____

2 Flaschen   _Wasser_

2 Farben – Ordnen Sie zu.

schwarz • weiß • grau • rot • blau • gelb • grün

1. Das ist ■ _____ .

2. Die Tomate ist _____.

3. Milch ist _____.

4. Das ist ■ _____.

5. Öl ist _____.

6. Eine Paprika ist _____ oder _____

    oder _____.

7. Oliven sind _____

    oder _____.

8. Und was ist _____?

    Der Himmel oder deine Augen oder das: ■

3 Farben und Lebensmittel – Schreiben Sie Wörter von der Liste auf Seite 34–35 in die Tabelle. Es gibt zum Teil mehrere Möglichkeiten.

weiß / keine Farbe	grün	rot	gelb
die Milch	_die Birne_		_die Birne_

4 Auf dem Wochenmarkt – Ergänzen Sie den Dialog.

> bar zahlen • ~~möchten~~ • (der) Apfel (2x) • (der) Cent •
> (die) Kartoffel • (das) Geld • (die) Tomate • (die) Birne •
> brauchen • (die) Kreditkarte (2x) • kosten (2x) • billig •
> (der) Euro (2x) • (das) Kilo • (das) Ei • teuer

● Guten Tag, was kann ich für Sie tun?

○ Ich ___*möchte*___ ein Kilo

  K_____.

● Für Salat oder Suppe?

○ Für Salat. Und noch 500 g

  T_____. Ganz rote bitte.

● Ja, noch etwas?

○ Ja, Obst _____ ich noch. Was k_____ die B_____?

● Vier E_____ das Kilo.

○ Das ist aber t_____.

● Die sind aus Chile. Die Ä_____ sind heute b_____,

  nur 1 Euro 99 das Kilo.

○ O.k., ich nehme ein K_____ Ä_____.

● Ist das alles?

○ Nein – ich brauche noch sechs E_____. Was k_____ das?

● 11 _____ und 35 _____.

○ Ohh – ich habe kein _____ dabei. Kann ich mit K_____ bezahlen?

● Mit K_____? Auf dem Markt? Na hören Sie …!! Hier _____

  man immer b_____.

5 Wo kaufen Sie das?

Fleisch/Schinken	In der _____ oder	
	im _____.	
Brot/Brötchen	In der _____ oder	
	im _____.	
Kuchen	In der _____.	
Zucker und Salz	Im _____.	

6 Supermarkt – Ergänzen Sie.

[(die) Kasse • ~~bekommen~~ • (das) Angebot • zu viel • bezahlen • möchten • ein bisschen mehr]

● Was _bekommen_ (1) Sie?

○ Ich _____ (2) 300 Gramm Schinken. D_____ _____ (3) ist sehr günstig.

● Kann es _____ (4) sein? Das sind 320 Gramm.

○ Nein, das ist mir _____. (5) Kann ich das hier _____ (6)?

● Nein, bitte bezahlen Sie alles an der _____ (7).

7 Einen Einkauf planen – Ergänzen Sie.

[mitbringen • alles • ~~brauchen~~ • nehmen • kaufen • zu sein • (der) Laden • (der) Supermarkt • schließen]

● Was _brauchen_ (1) wir für das Wochenende?

○ Nur Getränke, Obst, Butter und Brot! Gehst du in den _____ (2)?

Ja, ich _____ (3) das Auto und kann die Getränke auch _____ (4).

● _____ (5) du auch das Brot?

○ Ja. Wann _____ (6) die Bäckerei?

● Um 19 Uhr. Oh, es ist schon zehn nach sieben, die Bäckerei _____ (7). Hat der

kleine _____ (8) an der Ecke noch auf oder bringst du Brot aus dem Supermarkt mit?

○ Ich bringe _____ (9) mit.

8 Was sagt der Kunde / die Kundin (K)? Was sagt der Verkäufer / die Verkäuferin (V)?

Was möchten Sie? ( )   Was kostet der Schinken? ( )

Wo finde ich bitte das Salz? ( )   Kann ich auch mit Karte bezahlen? ( )

Ist das alles? ( )   Wann schließen Sie? ( )

Kann es auch ein bisschen mehr sein? ( )   Möchten Sie auch Käse? ( )

9 Was passt nicht? – Markieren Sie.

kaufen • bezahlen • der Kunde • die Verkäuferin

der Kiosk • das Restaurant • der Supermarkt • das Geschäft

das Geld • geschlossen • bezahlen • ein Euro

die Kasse • kosten • bezahlen • brauchen

der Saft • die Milch • der Schinken • der Wein

das Pfund • der Liter • der Preis • das Stück

10   **Deutschland, Sonntag, 15 Uhr – Ergänzen Sie den Dialog mit Wörtern aus der Liste.**

(der) Kaffee (2x) • (der) Kuchen • (die) Milch • ~~möchten~~ • (die) Sahne • (der) Tee • viel • wenig •
(der) Zucker

● Was _**möchtest**_ (1) du trinken?

  K_____ (2) oder T_____ (3)?

○ K_____ (4) bitte.

● Mit M_____ (5) und Z_____ (6)?

○ Ja, aber bitte nur ganz w_____ (7) Zucker und

  v_____ (8) Milch. Ich darf nicht so viel Zucker essen.

● Nimmst du auch ein Stück K_____ (9)?

○ Ja, ein ganz kleines.

● Mit S_____ (10)?

○ Aber wirklich nur ganz wenig.

11   **Welche Wörter passen in die Lücken?**

~~(der) Apfel~~ • (die) Bäckerei • (das) Bier • (der) Euro • (die) Kartoffel • (der) Wein • ~~(die) Birne~~ •
(das) Brötchen • (der) Cent • (die) Metzgerei • (die) Nudeln • (das) Öl • (das) Salz • (das) Wasser

1. Geben Sie mir zwei   _**Äpfel, Birnen**_____ .

2. Ich möchte drei Flaschen   _____ .

3. Das kostet 30   _____ .

4. Entschuldigung, wo finde ich _____ ?

5. Ich hätte gern 500 Gramm   _____ .

6. Ich suche eine   _____ .

12   **Was passt zusammen? Bilden Sie acht Paare.**

~~(der) Apfel~~ • bar • billig • (das) Brot • (das) Brötchen • (der) Cent • (der) Euro • (das) Fleisch • (das)
Gemüse • (das) Gramm • (die) Kasse • (das) Kilo • (die) Milch • ~~das Obst~~ • (die) Sahne • (der) Schinken •
teuer • (die) Tomate • viel • wenig • (die) Kreditkarte • bezahlen

_**Apfel / Obst**_____

_____

MEHR ÜBEN?   Schreiben Sie Sätze mit Wortpaaren.

Ich esse oft Obst und sehr gern Äpfel.

8 Essen und Trinken: Restaurant – Imbiss – Einladung

Im Restaurant

das Restaurant, -s

besetzt	frei
die Speisekarte, -n	die Karte, -n
anbieten	empfehlen
bestellen	bringen
rauchen	

> Ist der Tisch **frei**? – Nein, er ist **besetzt**.
> **Bringen** Sie uns bitte die **Speisekarte**.
> Was können Sie **empfehlen**?
> Können wir bitte **bestellen**?

Bezahlen

die Rechnung, -en

kosten

zahlen	bezahlen
zufrieden	das Trinkgeld

Damen/Herren *(Toilette)*

> Bringen Sie mir bitte die **Rechnung**.
> **Zahlen** bitte!
> **Auf Wiedersehen**.
> Wo ist bitte die **Toilette**?

Essen

der Hunger *Sg.*

das Lieblingsessen, –

die Pommes frites *Pl.*

der Salat, -e

mögen	möchten

der Kuchen, –

essen

schmecken	bitter

aussehen

wunderbar

(sehr) gut	schlecht

> Hast du **Hunger**?
> Ich **mag** keinen **Salat**.
> **Schmeckt** es Ihnen?
> Das **sieht sehr gut aus**.

Getränke

der Durst *Sg.*

das Getränk, -e	trinken
der Kaffee *Sg.*	der Tee *Sg.*

der Saft, "-e

der Wein *Sg.*

das Bier *Sg.*

das Wasser *Sg.*

das Glas, "-er

> Ich habe **Durst**.

Einladung

die Einladung, -en	einladen

(sich) freuen

willkommen

der Gast, "-e

das Geschenk, -e

kochen

pünktlich

nur

geben	nehmen
die Entschuldigung *Sg.*	entschuldigen
der Dank *Sg.*	danken
die Bitte, -n	bitten
gern(e)	lieber

> Herzlich **willkommen**!
> **Könnten** Sie mir bitte das Salz **geben**?
> **Entschuldigung**, bitte.
> Vielen **Dank**!
> **Danke**!
> Ich **danke** Ihnen.
> Nein, **danke**.   Ja, **bitte**.

Mahlzeiten

das Frühstück *Sg.*	frühstücken

das Mittagessen *Sg.*

das Abendessen *Sg.*

das Essen *Sg.*

Welche Wörter kennen Sie? Markieren Sie.
Machen Sie Karten für die unbekannten Wörter oder schreiben Sie sie in Ihr Wörterheft.

Kennen Sie noch mehr Wörter zum Thema? Machen Sie Ihre persönliche Liste.
Ordnen Sie: Was essen Sie gern? Was essen Sie nicht gern? Was haben Sie schon in einem deutschen Restaurant oder an einem Imbiss gegessen?

TIPP   Übungen selbst machen. – Machen Sie sich Ihr eigenes Suchrätsel.

    1. Notieren Sie hier so viele Wörter wie möglich waagerecht ➔ und senkrecht ⬇.

    2. Schreiben Sie dann beliebige Buchstaben in die danach noch leeren Kästchen.

    3. Warten Sie vier Tage. Wie viele Wörter finden Sie wieder?

       Haben Sie einen Lernpartner / eine Lernpartnerin? Dann können Sie Rätsel tauschen.

G								
L								
A								
S								

Schwierige Wörter – Sprechen Sie zuerst langsam, dann „normal".

    b e s e t z t • e m p f e h l e n • p ü n k t l i c h • e n t s c h u l d i g e n • d u   b r i n g s t

Sie sprechen:

ts   zufrieden • das Salz • zahlen • bezahlen • besetzt

schp   spät • sprechen • die Speisekarte

scht   stellen • bestellen • die Stunde • die Stadt

st   der Gast • der Durst • du trinkst

Beachten Sie:

das Glas   aber: die Gläser (♪)
das Haus   aber: die Häuser (♪)

1   Im Restaurant – Ordnen Sie die Wörter und Ausdrücke in der zeitlichen Reihenfolge.

> Auf Wiedersehen • bezahlen/Zahlen, bitte! • bringen • (die) Rechnung • (die) Speisekarte •
> ~~Tisch für zwei Personen.~~ • empfehlen • ~~Guten Tag~~ • Können wir etwas bestellen?

1. *Guten Tag!* _____

2. *Einen Tisch für zwei Personen, bitte.* _____

_____

_____

_____

_____

_____

2   Am Imbiss – Ergänzen Sie die Dialoge mit Wörtern aus der Liste auf Seite 40.

Dialog 1

> auch • (das) Bier • (der) Durst • essen • (das) Glas • ~~(der) Hunger~~ • kosten • (die) Pommes •
> (die) Pommes frites • trinken • trinken • (das) Wasser

● Ich habe ___*Hunger*___ (1) und _____ (2). Wollen wir etwas

_____ (3) und _____ (4)?

○ Au ja. Ich bin _____ (5) hungrig. Ich habe Lust auf _____ _____ (6).

■ Was darf es sein?

○ Eine Portion _____ (7) und

ein _____ (8), bitte.

■ Und für Sie?

● Geben Sie mir eine Bratwurst mit Senf und Brötchen.

○ _____ (9) Sie auch etwas?

● Nur ein _____ (10) _____ (11),

bitte. Ich muss noch Auto fahren.

Was _____ (12) das alles zusammen?

■ 10 Euro 20.

Dialog 2

[aussehen • (das) Lieblingsessen • (die) Pommes • schlecht • sehr gut • ~~sein~~]

● Wie ___*sind*___ (1) die _____ (2)?

○ _____ _____ (3). Sie sind mein _____ (4).

● Sie _____ auch gut _____ (5).

○ Und wie ist die Bratwurst?

● Nicht s_____ (6), aber auch nicht super.

3 Was passt wohin?

Geränke (warm)   *der Kaffee* _____

Getränke (kalt)   _____

Essen (warm)   _____

Essen (kalt)   _____

4 Im Restaurant – Ergänzen Sie.

● Ist hier noch f_____?

○ Ein Platz ist b_____.

　Aber die hier sind noch f_____.

　Setzen Sie sich doch.

5 Nomen und Verben – Was passt zusammen?

[anbieten • bezahlen • ~~bringen~~ • lesen • bestellen • empfehlen]

die Speisekarte   *bringen* _____

das Essen   _____

etwas zum Essen   _____

die Rechnung   _____

6 Mahlzeiten in Deutschland – Ordnen Sie nach der Uhrzeit.

[(das) Abendessen • (das) Frühstück • (der) Nachmittagskaffee • (das) Mittagessen]

6–10 Uhr　　　　　　12–14 Uhr　　　　　　15–17 Uhr　　　　　　18–22 Uhr

_____　　_____　　_____　　_____

7 Einladungen – Ergänzen Sie bitte.

Dialog 1 und 2

> pünktlich • (die) Gäste *(Pl.)* • kochen • Mögen • sehr • ~~einladen~~ • freuen • (das) Essen • (die) Einladung • (das) Geschenk

● Herr Chaudhuri, wir möchten Sie und Ihre Frau zum Essen ___*einladen*___ (1).

Haben Sie am Samstag Zeit?

○ Ja, danke. Wir _____ (2) uns sehr.

● _____ (3) Sie vegetarisches _____ (4)?

Ich _____ (5) nämlich gern vegetarisch.

○ Ja, _____ (6).

● Schön, dann sind Sie am Samstag unsere _____ (7). Wir freuen uns.

● Am Samstag haben wir e_____ _____ (8) bei Weiklings.

○ Bei deinem Chef? Da müssen wir aber _____ (9) sein.

● Und wir brauchen e_____ _____ (10). Hast du eine Idee?

○ Vielleicht Blumen für Frau Weikling und für ihn …? Keine Ahnung.

Dialog 3 und 4

> nur • fahren • danken • (die) Einladung • ~~willkommen~~ • (der) Dank • geben • entschuldigen

● Herzlich ___*willkommen*___ (1)! Kommen Sie herein.

○ Guten Abend und vielen _____ (2) für d_____ _____ (3).

● Das sind aber schöne Blumen. Ich _____ (4) Ihnen!

■ Wir müssen uns _____ (5).

Wir sind etwas zu spät. Der Verkehr …

● Aber das macht doch nichts.

● Kann ich Ihnen noch etwas Wein _____ (6)?

○ Nein, danke. Ich muss noch _____ (7).

● Und Sie, Frau Chaudhuri?

■ Ja, bitte, aber _____ (8) ganz wenig.

8 Wie viele Wörter fallen Ihnen zu diesem Foto ein? Notieren Sie.

der Salat,

9 Kommunikation – Freizeit

Telefon und Internet

der Anruf, -e	anrufen
das Festnetz, -e	
das Handy, -s	
das Smartphone, -s	
die Mailbox, -en	
der Anrufbeantworter, –	
die SMS, –	schicken
die Nachricht, -en	
die Ansage, -n	
die (E-)Mail, -s	mailen
das Internet *Sg.*	surfen
die Homepage, -s	
das Netzwerk, -e	
die Community, -s	
der Link, -s	
googeln	
online	
der Chat, -s	chatten
der/das Blog, -s	bloggen
der Blogger, –	die Bloggerin, -nen
Twitter	twittern

> Ich **rufe** meinen Freund **an**.
> **Auf Wiederhören.**
> eine **SMS** schreiben / schicken
> auf die **Mailbox** / den **AB** sprechen
> die **Mailbox** / den **AB** abhören
> im **Internet surfen**

Freunde treffen

der/die Bekannte, -n	bekannt
der Freund, -e	die Freundin, -nen
der/die Jugendliche, -n	
der/die Erwachsene, -n	
die Leute *Pl.*	kennen
(sich) treffen	
abholen	mitnehmen

besuchen	bleiben
allein	zusammen
die Zeit	
böse sein (auf)	
leider	
jung	

> Hast du **Zeit**?
> Ich habe keine **Zeit**.
> Ich möchte dich **besuchen**.
> Ich **bleibe** heute zu Hause.
> **Bist** du auf mich **böse**?
> Gehst du **allein** ins Kino?
> Ich kann **leider** nicht kommen.
> Du siehst **jung** aus.

Freizeit

die Freizeit *Sg.*	
schlafen	aufstehen
(sich) anziehen	
das Hobby, -s	
fernsehen	
die Zeitung, -en	lesen
das Schwimmbad, "-er	schwimmen
der Ausflug, "-e	
der Verein, -e	
wandern	
der Sport *Sg.*	
der Fußball	
gewinnen	
mitkommen	mitmachen
alle	
spielen	
grillen	
gern(e)	lieber

> Was machst du in deiner **Freizeit**?
> Alle **machen mit**!
> **Grillen** wir heute zusammen?
> Ich esse **gern/lieber** Salat.

Kultur

die Kultur, -en	kulturell
das Kino, -s	der Film, -e
der Schauspieler, –	die Schauspielerin, -nen
wissen	
interessant	
cool	
da sein	
das Konzert, -e	
das Ende *Sg.*	der Schluss *Sg.*
die Party, -s	

die Band, -s
die Disco, -s
tanzen
Lieblings-
das Lied, -er
die Musik *Sg.*
lustig

> **Sind** viele Leute **da**?
> Das Konzert ist zu **Ende**.
> Zum Schluss spielen sie mein **Lieblingslied**.
> Ich höre gern **Musik**.

INFO gehen

1. Wir **gehen** ins Kino.
2. ● Wie **geht's** (geht es) euch?
   ○ Gut!
3. ■ Es **geht**. / Nicht so gut.
4. Das **geht** heute nicht. Ich habe keine Zeit.
5. Der Drucker **geht** nicht. Er ist kaputt.

Welche Wörter kennen Sie? Markieren Sie.

Können Sie Englisch? Englisch hilft beim Deutschlernen. Finden Sie Wörter, die gleich oder ähnlich sind.

schwimmen – to swim,
alle – all ...

TIPP   Nomen immer mit Artikel, Pluralform und Beispiel lernen.

der/die Bekannte, -n   Maria ist eine gute Bekannte, aber keine Freundin.

Lesen Sie die Wörter laut. Achten Sie auf die Aussprache der Vokale.

lang	kurz		lang	kurz
schlafen	lachen		spielen	gewinnen
lesen	kennen		besuchen	lustig
das Kino	der Film		holen	Hobby

e	+	i		ie	+	ei		eu	+	ö
lesen		er liest		das Lied		bleiben		die Leute		böse
treffen		er trifft		lieber		leider		heute		hören

1 Kontakt aufnehmen – Ergänzen Sie.

anrufen • mailen • (die) E-Mail • (die) Handy-Nummer • (die) Mailbox • (die) Nachricht • (die) SMS

● Kann ich dich heute Abend um zehn Uhr __*anrufen*__ (1)?

○ Ich bin im Kino, aber du kannst eine _____ (2) auf der _____ (3) sprechen

oder eine _____ (4) schicken.

● Habe ich deine _____ (5)?

○ Ich denke schon. Du kannst mir aber auch _____ (6). Ich checke meine _____ (7)

morgens und abends.

2 Ein Telefongespräch – Ergänzen Sie die richtigen Formen.

bleiben • böse • leider • mitnehmen • gern • besuchen • gehen • mitkommen • allein • verstehen •
(das) Wochenende • gehen • (die) Zeit

● Hallo, Sabine! Wie __*geht*__ es dir?

○ Nicht so gut. Ich muss viel arbeiten und habe zu wenig _____.

● Schade, ich wollte dich gerade _____.

○ Tut mir leid, aber das _____ nicht.

● Hmm, und heute Abend? Bleibst du zu Hause oder

_____ du _____ ins Kino?

○ Ich muss _____ den ganzen Abend am Schreibtisch

_____. Bist du jetzt _____ auf mich?

● Nein, nicht auf dich, aber auf deine Arbeit! Ich möchte dich

_____ sehen und möchte auch nicht _____ ins Kino!

○ Das _____ ich, aber du kannst doch Klaus _____.

● Das ist eine gute Idee und wir sehen uns bestimmt am _____!

3 Kreuzworträtsel – Freizeit

1. Fahrt an einen interessanten Ort
2. Fest mit Essen, Trinken, Musik
3. Organisation von Menschen mit ähnlichen Interessen
4. Ort, an dem man Filme sieht
5. öffentliches Vorspielen von Musik
6. Musikstück, das gesungen wird
7. rhythmisch aneinander gereihte Töne
8. z.B. Fußball, Tennis sind …arten

4   Was können wir zusammen machen? Finden Sie 14 Verben im Suchrätsel.

1. lernen

F	R	Ü	H	S	T	Ü	C	K	E	N	V
O	L	G	R	I	L	L	E	N	N	F	E
S	P	I	E	L	E	N	Q	L	M	R	I
T	E	L	E	F	O	N	I	E	R	E	N
A	X	J	W	A	N	D	E	R	N	H	K
N	H	D	N	L	E	S	E	N	F	L	A
Z	P	J	W	Z	E	S	S	E	N	A	U
E	E	R	T	P	U	E	V	N	F	C	F
N	Y	B	B	U	J	M	D	D	E	H	E
B	S	N	S	C	H	W	I	M	M	E	N
O	F	S	T	U	D	I	E	R	E	N	M
T	T	F	E	R	N	S	E	H	E	N	K

5   Was machen Karin und Klaus am Wochenende?

a   Ordnen Sie die Tätigkeiten den Bildern zu.

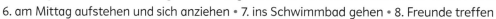

1. Zeitung lesen • 2. in die Disco gehen • 3. lange schlafen • 4. im Bett frühstücken • 5. 1000 m schwimmen •
6. am Mittag aufstehen und sich anziehen • 7. ins Schwimmbad gehen • 8. Freunde treffen

_____ a)   _____ b)   _____ c)   _____ d)

_____ e)   _____ f)   _____ g)   _____ h)

b   Schreiben Sie Sätze.

1. Am Wochenende schläft Karin lange und _____

2. _____ .

3. Am _____ .

_____

4. Klaus _____ .

5. Dann _____ und

6. _____ .

7. Am Abend _____ .

8. Klaus _____ .

6 Freizeit – Ergänzen Sie die Dialoge.

Dialog 1

[(der) Verein • (das) Hobby • spielen • gewinnen •
(die) Freizeit • (der) Sport • mitmachen]

● Was machst du in d**er Freizeit**_____?

Hast du e_____ _____?

○ Ich mache S_____.

Heute _____ ich Fußball.

● Spielst du in e_____ _____?

○ Nein, da muss man immer _____.

Ich will Spaß haben und bei uns kann jeder _____.

Dialog 2

[lieber • wandern • grillen • alle • mitbringen • (der) Ausflug • mitkommen]

● Am Samstag machen wir e**inen**____ **Ausflug**_____. Wir _____ im

Teutoburger Wald.

○ Super, kann ich _____?

● Klar! Und am Sonntag _____ wir zusammen. _____ bringen etwas mit.

Kannst du einen Salat _____?

○ Ich möchte _____ Brot mitbringen. Ist das in Ordnung?

Dialog 3

[(die) Kultur • (der) Film • wissen • (der) Erwachsene • zum Schluss • ~~gehen~~ • interessant]

● Ich ___gehe___ heute ins „Welthaus". Da gibt es e_____ _____ über

die Kultur in der Türkei.

○ Das ist _____, hier leben so viele Türken und ich _____ wenig über

d_____ _____.

● Deshalb bietet das „Welthaus" diese Filme aus anderen Kulturen an. Es gibt immer einen Film

und _____ ein Gespräch mit Gästen. Heute kommen türkische Jugendliche

und E_____.

Dialog 4

[in Ordnung • jung • ~~(das) Kino~~ • (der) Ausweis • (der) Jugendliche]

● In welch__es Kino__ wollt ihr?

○ Kino 3.

● Der Film ist für J_____ ab 16 Jahre.

○ Wir sind 18!

● Darf ich bitte d_____ _____ sehen?

○ Bitte.

● _____. Auf dem Foto siehst du aber

sehr _____ aus.

Dialog 5

[lustig • (die) Party • (die) Disco • ~~(das) Konzert~~ • da sein • (die) Musik • zu Ende • (die) Leute *(Pl.)* • tanzen • (das) Lieblingslied]

● Kommst du mit ins EASY? Da ist heute e__in Konzert____.

○ Ins EASY? Da sind immer so viel_____ _____. I_____ Peter auch _____?

● Nein, der geht auf e_____ _____, er will _____ und nette Leute treffen.

○ D_____ _____ im EASY ist gut und zum Schluss spielen sie immer

mein _____.

● Das Konzert ist um 23.00 _____ _____. Dann ist D_____ und wir

können tanzen.

○ Ja, aber ohne Peter ist es nicht sehr _____.

10 Lernen

Unterricht

die Klasse, -n
der Kurs, -e
der Lehrer, –   die Lehrerin, -nen
erklären
die Hausaufgabe, -n
die Schule, -n
die Grundschule, -n   die Gesamtschule, -n
die Hauptschule, -n   die Mittelschule, -n
die Realschule, -n   das Gymnasium, -en
der Schüler, –   die Schülerin, -nen
der Kindergarten, "–
lernen   wissen   können
wiederholen behalten   vergessen
der Unterricht Sg.
beginnen   aufhören
             aus sein
das Ende Sg. zu Ende sein
die Pause, -n
der Bleistift, -e
der Kugelschreiber, –
das Papier Sg.
das Buch, "-er   das Heft, -e
das Wörterbuch, "-er
die CD, -s
der CD-Player, –
die CD-ROM, -s
die Frage, -n   die Antwort, -en
fragen   antworten
die Aussage, -n
also

> Der Unterricht **beginnt** um 8 Uhr.
> Die Stunde **ist** um 10 Uhr **aus**.
> Der Unterricht **ist** um 18 Uhr **zu Ende**.

Texte

der Buchstabe, -n
das Wort, "-er   der Satz, "-e
bedeuten
der Text, -e
schreiben
lesen
hören
verstehen
die Sprache, -n
sprechen
langsam   schnell
das Beispiel, -e
usw. (und so weiter)

> Bitte sprechen Sie **langsam**.
> zum **Beispiel** / z. B.

Tests

die Übung, -en   üben
die Prüfung, -en
der Prüfer, –   die Prüferin, -nen
der Test, -s
der Teil, -e
die Lösung, -en
der Antwortbogen, "–
die Aufgabe, -n
ankreuzen   ergänzen
übertragen
abgeben
der Fehler, –   korrigieren
richtig   falsch
fehlen
einmal
gehören

TIPP Intelligent raten hilft beim Lernen. In langen Wörtern die kurzen Wörter finden:

Hausaufgabe = das Haus + die Aufgabe (= eine Aufgabe, die man zu Hause macht);
der Antwortbogen = die Antwort + der Bogen (= ein Bogen Papier, in den man die Antwort(en) einträgt)

Welche Wörter kennen Sie? Markieren Sie.
Machen Sie Karten für die unbekannten Wörter oder schreiben Sie sie in Ihr Wörterheft.

Kennen Sie noch mehr Wörter zum Thema?
Machen Sie Ihre persönliche Liste.

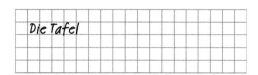

Die Tafel

INFO   Man sagt:

laut – leise   → sprechen   Sie sprechen so leise, ich verstehe Sie schlecht.
gut – schlecht → hören/verstehen   Sie sprechen laut, ich kann Sie gut hören.

TIPP   Machen Sie Pausen beim Lernen: 30 Minuten lernen – 5 Minuten Pause: aufstehen,
Fenster öffnen, Wasser trinken … – Pausenzeit ist genauso wichtig wie Lernzeit.

Sie sprechen kein *r*. Sie sprechen ein schwaches *a*. Lesen Sie laut.

-er am Wortende:
der Lehre**r** • der Schüle**r** • der Fehle**r** • das Papie**r** • der Kugelschreibe**r**

bei den Präfixen *ver-, er-*:
erklären • **er**lauben • **ver**stehen • **ver**kaufen • **ver**heiratet sein

r nach einem langen Vokal:
wi<u>r</u> • die T<u>ür</u> • das B<u>ier</u> • hi<u>er</u>

Üben Sie den Wortakzent. Klopfen Sie den Rhythmus, sprechen Sie dann.

· **●** ·   bedeuten • verstehen • erklären • behalten • beginnen • gehören
● · ·   aufhören • ankreuzen • abgeben • ausfüllen

---

1   Schreiben Sie die Wörter zu den Bildern.

ankreuzen • (das) Papier • (das) Wort • (der) Bleistift • (der) Buchstabe • (der) Kugelschreiber •
(der) Satz • (die) Frage • hören • schreiben

Wie heißt du?   *die Frage* _____   _____

Ich heiße Ada.
                 der S _____   _____

schreiben   *das W* _____   _____

2　Im Unterricht – Ergänzen Sie.

Dialoge 1 bis 3

> aus sein • verstehen • ~~(der) Kuli~~ • (der) Bleistift • erklären • beginnen • (die) Pause • (das) Beispiel

● Hast du mal __einen__ __Kuli_____ (1) für mich?

○ Nein, aber ich habe e_____ _____ (2).

● Frau Bürkle, ich _____ (3) das nicht. Wann steht der Dativ?

　Können Sie das bitte noch einmal _____ (4)?

○ Der Dativ steht zum _____ (5) nach den Präpositionen: *von, aus, bei, mit, nach,*

　seit, zu und nach bestimmten Verben.

● Wann _____ (6) morgen der Unterricht?

○ Um acht Uhr. Und um 12 _____ (7) er _____ (7).

● Vier Stunden ohne _____ (8)?

○ Doch, je 15 Minuten um 9.15 Uhr und 10.45 Uhr.

Dialoge 4 bis 8

> (der) Kurs • (die) Schule • (der) Text • vergessen • fehlen • lesen • ~~(die) Hausaufgabe~~ • wiederholen •
> glauben • richtig • (der) Fehler • (die) Klasse

● Bitte geben Sie uns bis morgen nicht so viele __Hausaufgaben____ (1).

　Wir gehen heute nach der _____ (2) ins Theater.

○ O.k., aber bitte _____ (3) Sie die Wörter und _____ (4) Sie

　den _____ (5) auf Seite 89. Er ist nicht lang.

● Wo ist Samira?

○ Sie _____ (6) heute. Ich _____ (7), sie hat Grippe.

● Ich kann das nicht. Ich habe schon wieder alles _____ (8).

○ Das stimmt doch gar nicht. Du hast fast die Hälfte _____ (9).

　Und _____ (10) machen gehört nun einmal zum Lernen.

● Unser _____ (11) hat nur 12 Schülerinnen. Das ist gut.

○ Ja, mein Sohn ist in der 5. _____ (12). Da sind sie 32 Schüler.

3 Prüfung – Ergänzen Sie den Text.

> zu Ende • (der) Test • (die) Aufgabe (2x) • ergänzen • (die) Frage • (die) Lösung • (der) Antwortbogen •
> abgeben • richtig • ankreuzen • falsch

Wir schreiben morgen unseren __Test_____ (1). Sie müssen zehn _____ (2)

lösen. Bei drei _____ (3) müssen Sie die richtige Antwort _____ (X) (4).

Ist die Aussage _____ (5) oder _____ (6) ? Bei drei Aufgaben müssen

Sie Lücken in Sätzen _____ (7). Und dann müssen Sie noch drei

_____ (8) beantworten.

Alle _____ (9) müssen Sie auf den _____ (10) übertragen.

Sie haben 60 Minuten Zeit, dann ist die Prüfung _____ (11) und Sie müssen

_____ (12).

4 Je *ein* Verb passt nicht. Streichen Sie durch.

1. Ich kann die neuen Wörter nicht *behalten • unterrichten • lernen.*

2. Können Sie die Regel *erklären • wissen • wiederholen?*

3. *Lesen • Schreiben • Sprechen* Sie bitte laut.

4. Ich *kann • weiß • verstehe* schon ganz gut Deutsch.

5 Wie heißt das Nomen?

1. fragen   *die Frage*_____   5. prüfen   _____

2. sprechen   _____   6. teilen   _____

3. antworten _____   7. unterrichten _____

4. testen   _____

6 Silbenrätsel – Finden Sie die Wörter zu den Sätzen.

ANT   AUF   BEN   BER   BO   DER   GA   GAR   GEL   GEN   HAUS
  KIN   KU   PA   PIER   SCHREI   TEN   WORT

1. Mein Sohn ist jetzt drei Jahre alt. Bald geht er in den _____ .

2. Ich kann heute nicht weggehen, ich muss die _____ für Deutsch machen.

3. Übertragen Sie die Lösungen in den _____ .

4. Ich habe nichts zum Schreiben dabei. Hast du einen _____ und ein Blatt

_____ für mich?

11 Arbeit und Beruf

Arbeit

arbeiten

die Arbeit *hier Sg.*

die Stelle, -n

der Job, -s

das Praktikum, Praktika

der Arbeitsplatz, "-e

arbeitslos

verdienen

gut	schlecht
schwer	leicht
angestellt	selbstständig

der/die Angestellte, -en

beide

> Ich **arbeite** bei Siemens.
> eine **Arbeit** suchen
> (k)eine **Arbeit** haben
> Sie hat jetzt eine neue **Stelle**.
> Ich bin **arbeitslos**.
> Die Arbeit ist **leicht**.
> Wir arbeiten **beide**.

Tätigkeit

tun

der Student, -en	die Studentin, -nen
das Studium, Studien	studieren

werden

der Beruf, -e	von Beruf … sein
	arbeiten als …
der Lehrer, –	die Lehrerin, -nen
der Verkäufer, –	die Verkäuferin, -nen
der Arbeiter, –	die Arbeiterin, -nen
der Hausmann, "-er	die Hausfrau, -en
der Babysitter, –	die Babysitterin, -nen

der Arbeitstag, -e

> Was **tust** du den ganzen Tag?
> Ich bin **Studentin**. – Was **studierst** du?
> Ich **werde** Lehrer/-in.
> Ich **bin** Lehrer/-in (von Beruf).
> Ich **arbeite** als Taxifahrer/-in.
> Ich **bin** Arbeiter/-in bei Siemens.
> Ich **arbeite** zu Hause.

Firma

die Firma, Firmen

der Chef, -s	die Chefin, -nen

das Büro, -s

das Gespräch, -e

der Termin, -e

wichtig

fertig

international

kommen

> Hier ist ein **Gespräch** für Sie.
> Die Präsentation ist **fertig**.

Technik im Büro

der Computer, –	der PC, -s
der Laptop, -s	das Tablet
anmachen	ausmachen
der Drucker, –	drucken
die E-Mail, -s	abschicken
gehen	
das Fax, -e	faxen
das Internet *Sg.*	
anklicken	
markieren	
das Problem, -e	

> eine E-Mail **abschicken**
> Der Drucker **geht** nicht.
> Sie müssen hier **klicken**.

Arbeit und Freizeit

der F<u>ei</u>erabend, -e

der F<u>ei</u>ertag, -e

m<u>ü</u>de

die <u>A</u>rbeitswoche, -n

k<u>u</u>rz   l<u>a</u>ng

der <u>U</u>rlaub, -e

m<u>a</u>chen

der <u>A</u>nfang, "-e   <u>a</u>nfangen

der Pl<u>a</u>n, "-e   pl<u>a</u>nen

> Diese **Arbeitswoche** ist kurz.
> **Urlaub** machen
> **Anfang** August mache ich Urlaub.

Welche Wörter kennen Sie? Markieren Sie.
Machen Sie Karten für die unbekannten Wörter oder schreiben Sie sie in Ihr Wörterheft.

Kennen Sie noch mehr Wörter zum Thema? Machen Sie Ihre persönliche Liste.

INFO   eine Arbeit haben = einen Arbeitsplatz haben / eine Stelle haben

---

TIPP   Ihr Arbeitsplatz im Betrieb oder zu Hause: Sammeln Sie Wörter.

Beispiel Arbeitsplatz „Küche":
Nomen: der Herd, der Kühlschrank ...
Verben: einkaufen, putzen ...

der Bus ——— [Beruf: Busfahrer] ——— fahren

der Fahrplan   der Fahrschein

Sprechen Sie die Wörter und Sätze laut. Achten Sie auf den richtigen Akzent.

das Haus	der Mann	der Hausmann	Ich bin Hausmann.
· ●	· ●	· ● ·	· · ● ·
die Arbeit	die Stelle	die Arbeitsstelle	Sie hat eine Arbeitsstelle.
· ● ·	· ● ·	· ● · ·	· · · · ● · ·

---

1   Wie heißen die Wörter? Ergänzen Sie Wörter aus der Liste auf Seite 55.

1. Ali hat keine Arbeit. Er ist _ _ _ _ _ _ _ _ _ _ _ _ .

2. Er hat eine Stelle. Das ist sein _ _ _ _ _ _ _ _ _ _ _ _ _ _ _ .

3. Er bekommt jeden Monat Geld. Er _ _ _ _ _ _ _ _ _ _ Geld.

4. Herr Schulz arbeitet und Frau Schulz arbeitet. Sie arbeiten _ _ _ _ _ _ .

5. Die Arbeit ist nicht leicht, sie ist _ _ _ _ _ _ _ _ .

6. Lisa arbeitet nur am Wochenende. Sie hat einen _ _ _ in einem Kiosk.

2 Eine E-Mail – Ergänzen Sie in der richtigen Form (Artikelwort – Nomen, Verb).

[(der) Termin • selbstständig • (die) Arbeit • (der) Arbeitsplatz • (das) Praktikum • arbeitslos •
verdienen • (das) Wochenende • ~~(die) Stelle~~ • beide]

Liebe Mama,

zuerst die gute Nachricht: Max hat eine neue _Stelle_____ (1)! Er arbeitet jetzt bei COMPI, das ist eine kleine
Computerfirma.

D_____ _____ (2) ist leicht und er kann _____ (3) arbeiten. Jetzt arbeiten
wir _____ (4) und _____ (5) gut. Und die schlechte Nachricht: Sabine ist _____ (6)
und sucht seit drei Wochen eine neue Arbeit. Es ist schwer, e_____ _____ (7)
zu bekommen, aber morgen hat sie e_____ (8) bei einer kleinen Firma. Sie hat den Tipp
von Rudi bekommen. Er macht dort e_____ _____ (9).
Geht es euch gut? Seid ihr gesund? Max und ich kommen am _____ (10)!

Liebe Grüße,
deine Martina

3 Arbeitszeit – Freizeit – Pläne. Ergänzen Sie die Dialoge.

Dialog 1

[(der) Feiertag • (der) Feierabend • ~~(die) Arbeit~~ • müssen]

● Wann beginnt d_eine____ _Arbeit_____ ?

○ Um 7 Uhr.

● Und wann hast du F_____ ?

○ Meistens um 16.30 Uhr.

● _____ du auch am Sonntag arbeiten?

○ Nein, am Sonntag und an d_____ _____ (Pl.) arbeiten wir nicht.

Dialog 2

[(der) Anfang • (der) Urlaub • lang • müde • tun]

● Kommst du am Samstag mit auf die Party?

○ Nein, ich bin _____, die Woche war sehr _____.

● Und wann machst du U_____?

○ A_____ August, das sind nur noch sechs Wochen!

● Was _____ du dann den ganzen Tag?

○ Schlafen, essen, Zeitung lesen, wandern …

Dialog 3

[arbeiten • (die) Studentin • (der) Plan • werden • studieren]

● Was machen deine Kinder?

○ Lisa ist S_____, sie studiert Medizin. Und Peter _____ als Taxifahrer, er will auch

Medizin _____ und muss noch warten. Und Jonas hat auch schon _____ (Pl.),

er geht zur Schule und will später Busfahrer _____ .

4 Im Büro – Ergänzen Sie die Dialoge.

Dialoge 1 und 2

[international • fertig • unterschreiben • ~~(die) Firma~~ • (das) Papier • (der) Chef]

● Arbeitet d*eine*   *Firma*_____ nur in Europa?

○ Nein, sie arbeitet _____.

● Sind d_____ _____ (Pl.) für die Firma Klapp _____?

○ Nein, sie sind noch beim _____, er muss sie noch _____.

Dialoge 3 und 4

[wichtig • (das) Gespräch • telefonieren • (der) Termin • kommen • (der) Feierabend • der Chef]

● Haben Sie jetzt auch _____?

○ Nein, ich muss noch _____ und d_____ _____ ist sehr wichtig.

● Ist d_____ _____ noch im Büro?

○ Ja, er hat bis 17.00 Uhr e_____ _____. Ist es _____ oder kann es bis

morgen warten?

● Ich _____ morgen wieder.

12 Wohnen

Wohnen

das Haus, "-er

der Garten, "–

die Wohnung, -en   wohnen

das Apartment, -s

das Stockwerk, -e   der Stock *Sg.*

der Schlüssel, –

oben   unten

die Treppe, -n

der Eingang, "-e   der Ausgang, "-e

dort   dorthin   dorther

hinten

> ein **Haus** mit **Garten**
> Er wohnt im vierten **Stock**.
> Wir wohnen **unten** im Haus.
> Der **Eingang** ist **dort**.

Wohnungssuche

die Anzeige, -n

suchen   finden

umziehen

der Vermieter, –   die Vermieterin, -nen

der Mieter, –   die Mieterin, -nen

vermieten   mieten

die Miete, -n   hoch

> Ich **suche** eine Wohnung.
> Die **Miete** ist hoch.

Wohnlage

liegen

die Ecke, -n

weit

draußen

gefallen

hell   dunkel

leise   laut

ruhig

(sehr) schön

> Wo **liegt** die Wohnung?
> Das ist **Ecke** Baumstraße und Hauptstraße.
> Gleich hier um die **Ecke**.
> Nicht **weit** von meiner Arbeit.
> Die Kinder können **draußen** spielen.
> Wie **gefällt** Ihnen die Wohnung?

Zimmer

das Zimmer, –   der Raum, "-e

das Kinderzimmer, –

das Schlafzimmer, –

das Bett, -en

der Schrank, "-e

breit   schmal

das Wohnzimmer, –

das Bild, -er   die Wand, "-e

die Blume, -n   der Baum, "-e

die Rose, -n

der Stuhl, "-e   der Tisch, -e

stellen

die Mitte *Sg.*

legen

das Sofa, -s   sitzen

neu

die Küche, -n

der Herd, -e

der Kühlschrank, "-e

stehen

daneben

das Licht, -er   an sein

das Feuer, –

das Badezimmer, –

das Bad, "-er   baden

die Dusche, -n   duschen

die Toilette, -en   das WC, -s

aufmachen   zumachen

das Ding, -e

kaputt

Bitte stell die Blumen in die **Mitte**.
Der **Herd** steht schon in der Küche.
Und der **Kühlschrank**?
Er steht **daneben**.
Das **Licht** ist an.
Kannst du bitte die Tür **zumachen**?

Größe
der Quadr<u>a</u>tmeter / m² / qm
der M<u>e</u>ter / m
der Z<u>e</u>ntim<u>e</u>ter / cm
groß   kl<u>ei</u>n

ein **Meter** fünfzehn / 1,15 m

Welche Wörter kennen Sie? Markieren Sie.
Machen Sie Karten für die unbekannten Wörter oder schreiben Sie sie in Ihr Wörterheft.

Kennen Sie noch mehr Wörter zum Thema?
Machen Sie Ihre persönliche Liste.

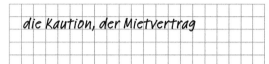

die Kaution, der Mietvertrag

Sprechen Sie die Wörter laut.

Vokal lang   b<u>a</u>den   schl<u>a</u>fen   w<u>o</u>hnen
Vokal kurz   das Zimmer   die Kinder

Sprechen Sie die Wörter laut. Achten Sie auf den richtigen Akzent.

baden   das Zimmer   das Badezimmer
● ·   · ● ·   · ● · · ·

schlafen   das Zimmer   das Schlafzimmer
● ·   · ● ·   · ● · · ·

wohnen   das Zimmer   das Wohnzimmer
● ·   · ● ·   · ● · · ·

die Kinder   das Zimmer   das Kinderzimmer
· ● ·   · ● ·   · ● · · ·

1   Wohnungsplan – Ordnen Sie die Räume zu.

das Schlafzimmer • das Wohnzimmer • das Kinderzimmer • die Küche • das Badezimmer / das Bad •
die Dusche • ~~die Toilette~~

die Toilette

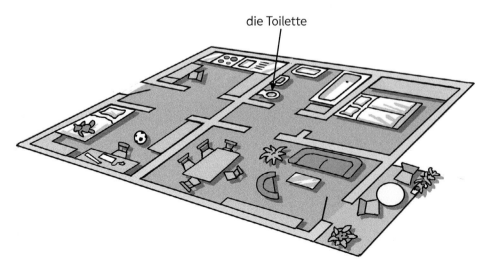

MEHR ÜBEN? Welche Verben und Ausdrücke passen in welchen Raum? Es gibt z. T. mehrere Möglichkeiten.

> duschen • baden • kochen • schlafen • (sich) waschen • fernsehen • lesen • spielen •
> Musik hören • Freunde treffen • essen • frühstücken

2 Die neue Wohnung – Ergänzen Sie.

Dialog 1

> (der) Platz • (der) Schrank • (die) Kleidung • (das) Bett • breit • brauchen

● Kann ich heute schon in m_einem_ _Bett_____ (1) schlafen?

○ Ja, wir wollen auch d_____ _____ (2) ins Zimmer stellen.

● Aber der ist so _____ (3). Dann habe ich k_____ _____ (4)

mehr zum Spielen.

○ Du _____ (5) aber einen Schrank für d_____ _____ (6).

Dialog 2

> neu • daneben • (das) Sofa • sitzen • (das) Bild • liegen

● Wohin kommt d_as__ _Bild_____ (1)?

○ Ins Wohnzimmer, bitte. Ist Luise im Wohnzimmer?

● Ja, sie _____ (2) auf d_____

_____ (3) und liest.

Und euer Hund liegt _____ (4)

und schläft.

○ Was? Der Hund _____ (5) auf

dem Sofa? Das Sofa ist _____ (6)!

Bello, komm sofort her!

Dialog 3

> (der) Kühlschrank • (der) Herd • (die) Küche • (die) Blume • (der) Herd • kalt • kochen

● Hier sind d_ie__ _Blumen_____ (Pl.) (1) von deiner Mutter.

○ Bitte bring sie in d_____ _____ (2) und stell sie gleich ins Wasser.

Geht d_____ _____ (3) schon? Ich möchte heute Abend _____ (4).

● Ja, das ist gut, d_____ _____ (5) geht auch, das Bier ist schon _____ (6).

MEHR ÜBEN?   Schreiben Sie je einen Satz oder Minidialog mit
je zwei Wörtern/Ausdrücken von Übung 3.

Gehen Sie in den 4. Stock

3 Wie heißt das Gegenteil?

[(der) Ausgang • ~~ausmachen~~ • billig • dunkel • finden • groß • leise • mieten • unten • verkaufen]

anmachen   *ausmachen*_____   laut   _____

hell   _____   vermieten   _____

kaufen   _____   teuer   _____

klein   _____   suchen   _____

der Eingang   _____   oben   _____

4 Maße – Schreiben Sie die Wörter.

m _____   m² / qm _____   cm _____

5 Wohnungssuche – Ergänzen Sie die Dialoge mit den Wörtern in der richtigen Form.

Dialog 1

[(die) Miete • (der) Vermieter • hier • suchen • vermieten • (der) Stock • (die) Anzeige • groß •
(der) Quadratmeter • hoch • liegen • (der) Mieter • ~~umziehen~~]

● Ich muss *umziehen*___ (1). Ich _____ (2) eine Wohnung.

Ich lese jeden Tag die _____ (3) in der Zeitung. Aber da ist nichts.

○ Mein _____ (4) hat eine. Er will sie ab Mai neu _____ (5).

● Das ist ja super. Wie _____ (6) ist die Wohnung und wie _____ (7)

ist die _____ (8)?

○ 60 _____ (9). Sie kostet 650 Euro,

glaube ich.

● Wo _____ (10) die Wohnung?

○ _____ (11) um die Ecke, in der

Schimperstraße 23 im 3. _____ (12).

● Kann ich mir die Wohnung ansehen?

○ Der jetzige _____ (13) ist noch in der

Wohnung, aber ich kann ihn fragen.

Dialog 2

[(der) Quadratmeter • billig • (der) Vermieter • teuer • hoch • ~~(das) Apartment~~ • gefallen • hell]

● Und wie ist dein neues _Apartment_ (14)?

○ Wirklich sehr schön. Die Zimmer sind 2,5 Meter _____ (15) und sehr _____ (16).

  Ich habe wirklich viel Licht. Die Wohnung _____ (17) mir sehr gut.

● Und wie _____ (18) ist das Apartment?

○ Es ist _____ (19). Ich zahle nur 400 Euro für 35 _____ (20).

● Wohnt der _____ (21) im Haus?

○ Ja, aber er ist sehr nett.

Dialog 3

[(der) Eingang • laufen • ~~wohnen~~ • (die) Treppe • (der) Platz • oben • unten]

● _Wohnt_ (1) ihr jetzt auch in der Kiskerstraße?

○ Ja, wir wohnen _____, (2) gleich neben d_____ _____ (3)

● Könnt ihr eure Fahrräder in d_____ _____ (4) stellen?

○ Nein, das ist verboten, aber es gibt e_____ _____ (5) für Fahrräder hinter dem Haus.

● Ich besuche gerade Maria, sie wohnt _____ (6) im 4. Stock.

○ Ja, sie muss immer vier Treppen _____ (7), aber sie hat einen fantastischen Blick.

6 Was passt zusammen? Bilden Sie Paare. Es gibt mehrere Möglichkeiten.

[ausmachen • (das) Apartment • (das) Haus • (das) Licht • (der) Garten • (der) Mieter • (der) Schlüssel •
(der) Vermieter • (der) 4. Stock • (die) Treppe • (die) Tür • (die) Wohnung]

die Treppe + der 4. Stock _____

die Tür + der _____

_____

_____

_____

_____

13 Zeit – Uhr – Woche

Uhrzeit

die Uhrzeit, -en
spät
(drei) Uhr
vor   nach
(das) Viertel   die Viertelstunde
halb (vier)
um
die Uhr, -en
die Stunde, -n
die Minute, -n
die Sekunde, -n
der Moment, -e

> Wie **spät** ist es?
> Es ist **drei** (Uhr).
> 7.11 **Uhr** / sieben **Uhr** elf
> fünf Minuten **vor/nach** zwei.
> **Viertel vor** drei (14.45 Uhr)
> Es ist **Viertel nach** drei (15.15 Uhr).
> Er kommt **um** 9.00 Uhr.
> **Moment** mal!
> Einen **Moment**, bitte.

Woche

die Woche, -n
der Wochentag, -e
der Sonntag, -e
der Montag, -e
der Dienstag, -e
der Mittwoch, -e
der Donnerstag, -e
der Freitag, -e
der Samstag, -e *süddeutsch* / Sonnabend, -e
norddeutsch
das Wochenende, -n
seit
ab
von … bis

> am **Wochenende**
> Er ist **seit** Freitag hier.
> Sie arbeitet **ab** Montag.
> Sie arbeitet **von** Montag **bis** Freitag.

Tag

der Tag, -e   die Nacht, "-e
der Morgen, –   der Abend, -e
am
der Vormittag, -e   der Nachmittag, -e
der Mittag, -e   die Mitternacht

> in der **Nacht**
> am **Morgen**

Zeitpunkt

Wann?
früher
letzt-   letzte Woche
gestern   heute   morgen
jetzt   sofort   gleich
nächst-   (am) nächsten Mittwoch
bald
spät   später
nie   oft   immer
gerade   zurzeit
schon
noch
lange
warten
schnell   langsam

> Ich muss **jetzt/sofort** gehen.
> In zehn Minuten / **Gleich** geht mein Zug!
> Ich gehe am Wochenende **nie/oft/immer** in die Stadt.
> Es ist schon **spät**.
> Wir kommen zu **spät**.
> Das können wir **später** machen.
> Ich bin **gerade/zurzeit** in der Stadt.
> Ich warte schon **lange**.
> Warte bitte **noch** zwei Minuten.

INFO **am** Morgen, **am** Mittag, **am** Abend
aber: **in der** Nacht

am + Wochentag/Tageszeit/Datum: am Montag, am Morgen, am 1. Mai
in/im + Monat, Jahreszeit, Jahr: im Juni, im Sommer, im nächsten Jahr

Welche Wörter kennen Sie? Markieren Sie.
Machen Sie Karten für die unbekannten Wörter oder schreiben Sie sie in Ihr Wörterheft.

Kennen Sie noch mehr Wörter zum Thema?
Machen Sie Ihre persönliche Liste.

der Stundenplan, das Datum

TIPP Machen Sie sich ein Lernplakat zum Thema „Zeit"
(Kapitel 13 und 14) und hängen Sie es in der Wohnung auf.

Die Uhrzeit

Jahreszeiten und Monate:
der Frühling: März,
April, Mai
...

Wochentage:
Montag, ...

Viertel nach sechs

1 **Die Uhr tickt. – Ergänzen Sie mit Wörtern aus der Liste auf Seite 64.**

Die Uhr zeigt die _____.

60 _____ sind eine _____ und

60 _____ sind eine _____.

24 _____ sind ein _____.

2 Uhrzeiten – Schreiben Sie die Uhrzeiten zu den Uhren.

fünf nach halb sechs • fünf vor acht • halb fünf • Viertel nach drei • Viertel vor acht • zehn nach eins • ~~zwölf Uhr~~

1   2   3   4   5   6   7

Entschuldigung, wie viel Uhr ist es?

1. Es ist _zwölf Uhr_____.   5. Es ist _____.

2. Es ist _____.   6. Es ist _____.

3. Es ist _____.   7. Es ist _____.

4. Es ist _____.

3 Mein Tag – Ergänzen Sie mit Wörtern aus der Liste auf Seite 64.

Es ist Montag. Am __Morgen_____ (1) stehe ich auf, dusche, frühstücke und gehe zur Arbeit.

Dann kommt der _____ (2) und schon nach wenigen Stunden ist es 12 Uhr: _____ (3).

Ich esse etwas und mache Pause. Am _____ (4) arbeite ich bis 17 Uhr.

Dann gehe ich nach Hause und bald ist es _____ (5). Ich treffe ein paar Freunde oder ich sehe fern.

Um 11 Uhr gehe ich ins Bett und schlafe eine _____ (6) lang bis

zum _____ (7). Es ist Dienstag. Am … stehe ich auf, frühstücke und …

4 Die Woche – Schreiben Sie die Wochentage in der richtigen Reihenfolge.

1. _Montag_____   5. _____

2. _____   6. _____

3. _____   7. _____

4. _____

Es gibt sieben W_____. SA und SO sind das

W_____. _____ W_____

arbeiten die meisten Deutschen nicht.

5 Worte zur Zeit. Verbinden Sie die Teile.

1. Morgen, morgen, nur nicht   _____   a) alles besser.

2. Was du heute kannst besorgen (= tun),   _____   b) das verschiebe nicht auf morgen.

3. Früher war   _____   c) den bestraft das Leben.

4. Gestern, heute, morgen,   _____   d) heute, sagen alle faulen Leute.

5. Wer zu spät kommt,   _____   e) nichts als Sorgen, Sorgen, Sorgen!

6. Es ist fünf vor   _____   f) Wunder dauern etwas länger.

7. Unmögliches erledigen wir sofort,   _____   g) zwölf.

6 Was passt zusammen?

[~~gestern~~ • ~~heute~~ • jetzt • langsam • letzte … • nächste … • nie • oft • schnell • später]

gestern – heute _____

_____

_____

7 Termingespräche – Ergänzen Sie die Dialoge.

Dialog 1

[zurzeit • um • seit • gleich • ~~noch~~ • wann • warten • sofort • immer • spät]

● Wo bist du?

○ Ich bin im Moment _noch_____ (1) im Büro.

● _____ (2) kommst du nach Hause?

○ Ich fahre _____ (3) los. In fünf Minuten.

● Ich _____ (4) schon

_____ (5) einer Stunde mit dem Essen.

○ Ja, ja ich fahre _____ (6) los.

_____ (7) 9 Uhr bin ich zu Hause.

● _____ (8) kommst du zu

_____ (9) und das Essen ist kalt.

○ Ich habe _____ (10) sehr viel zu tun.

Dialog 2

[Moment • ~~später~~ • gerade • bald • schnell]

● Hallo, Schatz, bei mir wird es heute

etwas _später_____ (1) im Büro.

Ich fahre _____ (2) los.

○ O.K. bis _____ (3). Oh, warte mal

einen _____ (4).

Kannst du etwas zum Trinken mitbringen?

● O.K., ich fahre noch _____ (5) beim

Neukauf vorbei.

Dialog 3

[wann • lange • ~~von … bis~~ • bis • dann • nächste • am • Uhr]

● Die Prüfung geht _von_____ (1) 8 _bis_____ (1) 12 Uhr.

○ Vier Stunden? So _____ (2)?

● Der erste Teil geht _____ (3) 9 _____ (4) 45, _____ (5) haben Sie

30 Minuten Pause.

○ Und _____ (6) bekommen wir das Ergebnis?

● _____ (7) Woche, _____ (8) Mittwoch.

Dialog 4

[nie • am • ~~wann~~ • letzte • oft]

● ___Wann_____ war deine Prüfung?

○ _____ Woche, _____

Freitag.

● Und was machst du jetzt?

Gehst du _____ ins Kino?

○ Nein, ich gehe fast _____ ins Kino.

Aber ich mache jetzt wieder viel Sport.

14 Datum – Jahreszeiten – Wetter

Jahreszeit

die Jahreszeit, -en
der Frühling *Sg.*   das Frühjahr *Sg.*
der Sommer *Sg.*
der Herbst *Sg.*
der Winter *Sg.*

> Im **Frühling**, **Sommer** …

Wetter

das Wetter *Sg.*
der Regen *Sg.*   regnen
die Sonne *Sg.*   scheinen
der Wind, -e
der Norden *Sg.*
der Süden *Sg.*
der Westen *Sg.*
der Osten *Sg.*
(der/das) Grad (Celsius)
heiß   warm   kalt
klar
minus   plus

> Wie ist das **Wetter**?
> Wie wird das **Wetter** morgen?
> Es **regnet**.
> Die Sonne **scheint**.
> Wo? – Im **Norden**, **Süden** …
> **minus** ein Grad (–1° C) (= Celsius)
> **plus** vier Grad (+4° C)
> Es ist **minus/plus** vier Grad.

Datum

das Datum *Sg.*
Wann?
das Jahr, -e
der Monat
der Januar
der Februar
der März
der April
der Mai
der Juni
der Juli
der August
der September
der Oktober
der November
der Dezember

> Was haben wir heute?
> **der** erste März
> 1.3. Heute ist der erste März.
>   Heute ist der erste Dritte.
> **Wann** beginnt der Kurs? –
>   **Am** fünfzehnten Oktober.
> Wann? – **Im** Januar, Februar …

Feiertage

Weihnachten, –
Ostern, –
der Karneval

INFO   eins   –   der erste   drei   –   der dritte   sieben   –   der siebte

---

INFO   *im*   +   Jahreszeit und Monat   *am*   +   Wochentag und Datum

Im Sommer mache ich Urlaub.   Ich habe am 3. April Geburtstag.
Ich habe im April Geburtstag.   Ich habe am Montag Prüfung.

um   +   Uhrzeit

Der Kurs beginnt um 9.00 Uhr.

Können Sie Englisch? Englisch hilft beim
Deutschlernen.
Finden Sie Wörter, die gleich oder ähnlich sind.

Sommer – summer

Klatschen Sie den Rhythmus, sprechen Sie die Monate laut.

Achten Sie auf die Akzente.

Am Wortende spricht man kein *r*.

Rhythmus

● · ·   Januar – F<u>e</u>bruar

● ·   J<u>u</u>ni – J<u>u</u>li

●   März – M<u>ai</u>

Rhythmus

· ●   April, August

· ● ·   September, Oktober, November, Dezember

---

1 **Die Jahreszeiten (in Deutschland).**

a   Ergänzen Sie.

b   Notieren Sie die passenden Monate zu den Jahreszeiten.

der F _ _ _ _ _ _ _ _   der S _ _ _ _ _   der H _ _ _ _ _   der W _ _ _ _ _

1. <u>März</u>   _____   _____   _____

2. _____   _____   _____   _____

3. _____   _____   _____   _____

2 **Schreiben Sie.**

Was ist oben?   _____

Was ist unten?   _____

Was ist rechts?   _____

Was ist links?   _____

3 Wettergespräche – Ergänzen Sie.

[(die) Sonne • warm • (der) Regen • scheinen • minus • (der) Grad • plus • ~~(das) Wetter~~ • regnen]

● Hallo, Steven, wie geht's?

○ Sehr gut. Wie ist d*as*   *Wetter*   bei euch?

● Es _____. Wir haben seit drei

Wochen _____ und es ist kalt.

○ Hier regnet es auch gerade, aber es

ist _____ und morgen soll die

Sonne wieder _____ .

● Wie warm ist es denn?

○ Ungefähr 28 _____, letzte Woche hatten

wir 32 Grad. Und bei euch?

● Letzte Woche hatten wir in der Nacht _____

3 Grad, jetzt haben wir ungefähr fünf Grad

_____. Ich warte auf den Sommer, schick

mir ein bisschen _____ über das Meer ...

4 Datum. Schreiben Sie das Datum in Worten.

Mai	Juni	August	November	Dezember
14	8	2	11	9

der vierzehnte   _____   _____   _____   _____

Fünfte   _____   _____   _____

1.4. *der erste April* *der erste Vierte*	6.7. _____ _____
2.3. _____ _____	7.8. _____ _____
3.4. _____ _____	8.9. _____ _____
4.5. _____ _____	9.10. _____ _____
5.6. _____ _____	10.11. _____ _____

15 Wörter und Grammatik

Artikel

d<u>e</u>r, d<u>a</u>s, d<u>ie</u>

<u>ei</u>n/e, k<u>ei</u>n/e

    Haben Sie **ein** Hobby?

m<u>ei</u>n/e, d<u>ei</u>n/e, s<u>ei</u>n/e, <u>i</u>hr/e, <u>u</u>nser/e, <u>eu</u>er/<u>eu</u>re,

<u>i</u>hr/e   **Sein** Hobby ist Schwimmen.

    Seine Frau schwimmt nicht gern.

d<u>ie</u>ser, d<u>ie</u>ses, d<u>ie</u>se

    Dieser Mann ist einfach toll.

jed-   **Jedes** Kind mag Schokolade.

<u>a</u>lle   **Alle** Kinder mögen Spaghetti.

Präpositionen lokal

<u>a</u>n   Ich bin gern **am** Meer oder **an** einem See.

<u>au</u>f   Sitzt du gut **auf** dem Stuhl?

<u>au</u>s   Sophia kommt **aus** Graz.

d<u>u</u>rch   Ich fahre immer **durch** die Schweiz nach Italien.

h<u>i</u>nter   Das Rathaus ist **hinter** der Kirche.

<u>i</u>n   Wohnst du **in** der Stadt oder auf dem Land?

n<u>e</u>ben   Die Apotheke ist gleich **neben** dem Supermarkt.

<u>ü</u>ber   **Über** uns wohnt Familie Brax.

<u>u</u>nter   **Unter** uns wohnen die Altuns.

v<u>o</u>n ... n<u>a</u>ch   **Von** Mannheim **nach** Paris braucht man drei Stunden.

v<u>o</u>r   Ich warte **vor** dem Kino auf dich.

zw<u>i</u>schen   Der „Thalys" fährt **zwischen** Köln und Paris.

z<u>u</u>   **Zum** Bahnhof brauchen Sie zehn Minuten zu Fuß.

Präpositionen temporal

<u>a</u>b   **Ab** 8 ist das Geschäft geöffnet.

b<u>i</u>s   Wir haben **bis** 22 Uhr auf.

n<u>a</u>ch   Es ist 10 **nach** 9.

v<u>o</u>r   Es ist 5 **vor** 12.

<u>u</u>m   **Um** 9 muss ich arbeiten.

v<u>o</u>n ... b<u>i</u>s   Ich arbeite **von** 7 **bis** 15 Uhr.

Präpositionen modal

<u>au</u>s   Der Stuhl ist **aus** Holz.

b<u>ei</u>   Er arbeitet **bei** der BASF.

f<u>ü</u>r   Das Geschenk ist **für** meinen Freund.

g<u>e</u>gen   Haben Sie etwas **gegen** Fieber?

m<u>i</u>t   Ich kann **mit** Musik sehr gut lernen.

<u>o</u>hne   **Ohne** Kaffee kann ich nicht arbeiten.

Pronomen

<u>e</u>twas   Hörst du **etwas**?

n<u>i</u>chts   Ich höre **nichts**.

<u>a</u>lles   Ich höre **alles**, jedes Wort.

m<u>e</u>hr   Die Spaghetti schmecken gut. Kann ich noch etwas **mehr** haben?

w<u>e</u>lch-   Ich habe keinen Wein mehr. Hast du noch **welchen**?

<u>i</u>ch, d<u>u</u>, <u>e</u>r, <u>e</u>s, s<u>ie</u>, w<u>i</u>r, <u>i</u>hr, s<u>ie</u>, S<u>ie</u>

man   In Deutschland isst **man** abends oft kalt.

m<u>i</u>ch, d<u>i</u>ch, <u>i</u>hn, <u>e</u>s, s<u>ie</u>, S<u>ie</u>

m<u>i</u>r, d<u>i</u>r, <u>i</u>hm, <u>i</u>hr, <u>u</u>ns, <u>eu</u>ch, <u>i</u>hnen, <u>I</u>hnen

s<u>i</u>ch   er wäscht **sich** / sie treffen **sich**

W-Wörter

W<u>a</u>nn?	W<u>e</u>r?	W<u>ie</u>?	W<u>o</u>?
War<u>u</u>m?	W<u>e</u>n?	W<u>ie</u> v<u>ie</u>l?	Woh<u>e</u>r?
W<u>a</u>s?	W<u>e</u>m?	W<u>ie</u> v<u>ie</u>le?	Woh<u>i</u>n?

W<u>a</u>s für ein ...?

Satzverbindungen

<u>a</u>ber   Ich liebe Musik, **aber** ich spiele nicht.

d<u>a</u>nn   Ich lerne noch die Wörter, **dann** komme ich zu dir.

d<u>e</u>nn   Er kann nicht kommen, **denn** er ist krank.

<u>o</u>der   Kommst du zu mir **oder** treffen wir uns in der Stadt?

<u>u</u>nd   Ich komme zu dir **und** dann gehen wir zusammen in die Stadt.

1 Artikel, Fragewörter und Pronomen – Ergänzen Sie.

> Wann • Warum • ~~Wer~~ • Wohin • Ich • Ich • du • Sie • die • das • mein • mir • der

● _Wer_____ kann mir helfen? _____ verstehe _____ Aufgabe nicht.

○ _____ verstehst _____ die Aufgabe nicht? _____ ist doch ganz einfach.

● Wem gehört _____ Buch?

○ Es gehört _____. Das ist _____ Buch.

● _____ fährt _____ Zug ab?

○ Um 14.23 Uhr. _____ fahren Sie?

● _____ fahre nach Basel.

2 Fragewörter – Was passt zusammen?

1. Warum ist   ____ a) du morgen Abend?   ____ e) kostet der Kaffee?
2. Wann können
3. Wer hat   ____ b) einen Kuli für mich?   ____ f) morgen kein Unterricht?
4. Woher
5. Wohin fährst   ____ c) du in den Ferien?   ____ g) Schüler sind in deiner Klasse?
6. Was machst
7. Wie viel   ____ d) kommen Sie?   ____ h) wir für den Test lernen?
8. Wie viele

3 Präpositionen: Zeit – Ergänzen Sie die Präpositionen.

> von … bis • vor • am • nach

1. Es ist Viertel _____ drei.   3. Kommst du _____ Dienstag mit ins Kino?

2. Es ist zehn _____ acht.   4. Das Konzert geht _____ 8 _____ 10.

4 Präpositionen: Ort – Ergänzen Sie die Präpositionen.

> in • unter • hinter • neben • auf • ~~an~~ • zwischen • vor • über

_an_ _____

5 Präpositionen (modal) – Ergänzen Sie.

[aus • bei • ~~für~~ • gegen • mit • ohne]

1. Die Blumen sind ___*für*___ meine Mutter.

2. Der Tisch ist _____ Plastik.

3. Ich kaufe meine Lebensmittel immer _____ „Höfler".

4. „Bayern München" spielt heute _____ den „HSV".

5. Am liebsten lerne ich _____ meiner Freundin zusammen.

6. Diesen Text kann ich _____ Wörterbuch nicht verstehen.

6 Satzverbindungen – Ergänzen Sie.

[und • denn • oder • ~~aber~~ • dann]

1. Ich singe gerne, ___*aber*___ ich kann leider nicht gut singen.

2. Ich singe nur allein, _____ keiner will mich singen hören.

3. Am Wochenende gehe ich oft ins Konzert

   _____ ich höre zu Hause Musik.

4. Ich stehe morgens auf und dusche und singe,

   _____ frühstücke ich und höre dabei Musik.

5. Ich höre gerne klassische Musik _____ ich höre

   auch gerne HipHop.

7 Personalpronomen – Ergänzen Sie die Sätze.

1. _____ heiße Hannah.

2. _____ heißt Hannah und _____ heißt Lukas. _____ wohnen in Aachen.

3. Meine Frau und ich wandern gern. _____ lieben die Natur.

4. Fahrt _____ auch gern Fahrrad?

5. Woher kommst _____?

6. Das Kind von Marie ist erst vier Jahre. _____ geht noch nicht zur Schule.

8 *mehr, etwas, nichts, alles* – Was passt zusammen?

1. Ich möchte noch _____ a) alles super.

2. Aber ich möchte _____ b) etwas trinken, bitte.

3. Es schmeckt _____ c) man gerne Wurst.

4. Kann ich noch _____ d) nichts mehr, danke.

5. In Deutschland isst _____ e) mehr haben.

16 Zahlen – Daten – Maße – Gewichte

Zahlen 1–12

eins	der/das/die **erste**
zwei	zwei**te**
drei	**dritte**
vier	vier**te**
fünf	fünf**te**
sechs	sechs**te**
sieben	**siebte**
acht	acht**e**
neun	neun**te**
zehn	zehn**te**
elf	elf**te**
zwölf	zwölf**te**

Zahlen 13–19

dreizehn	dreizehnte
vierzehn	fünfzehn
sechzehn	siebzehn
achtzehn	neunzehn

Zahlen 20–99

zwan**zig**	zwanzigs**te**
ein**un**dzwanzig	einundzwanzigste
zweiundzwanzig	…
dreißig	
einunddreißig	
vier**zig**	fünfzig
sechzig	siebzig
achtzig	neunzig

Zahlen 100 . . .

(ein)hundert	zweihundert
(ein)hundert**ein**s	
(ein)hundert**dr**eizehn	
einhundert**ein**undzwanzig	
(ein)tausend	
eine Million	
eine Milliarde	

Maße und Gewichte

der Liter	l
das Gramm	g
das Pfund	500g
das Kilo(gramm)	kg
der Zentimeter	cm
der Meter	m
der Kilometer	km
zweihundert Kilometer	200km
das Prozent	%
die Nummer, -n	

Datum

Heute ist der 1. (erste) März.
Das Treffen ist am 3. (dritte**n**) März.

München, 18. Juni 20..
München, 18.6.20..

INFO Vergleichen Sie mit Ihrer Sprache. Beispiel: Englisch

13

drei / zehn / **drei**zehn – three / ten – **thir**teen

21

einundzwanzig – twenty **one**

17 Lösungen

1 Person

1 2a – 3e – 4f – 5g – 6d – 7h – 8c – 9b

2 Familienstand: verheiratet – geschieden – ledig – Geschlecht: weiblich – männlich

3 ○ Mein Name ● weiblich ● wann ● Geburtstag ● Wie alt ○ Jahre ● Woher ○ Aus ● Wo, geboren ○ Adresse ● Schüler ○ Student

4 Herr – Frau – bin – Jahre – Hausmann – Frau – Studentin

5 die Österreicherin – die Schweizerin, schweizerisch – Deutschland, der Deutsche, deutsch – Europa, der Europäer, die Europäerin

6 Wann sind Sie geboren? – Wo sind Sie geboren? – Wo wohnen Sie? – Woher kommen Sie? – Was sind Sie von Beruf?

2 Familie und Freunde

1 (meine) Großeltern, (meine) Großmutter – mein Vater, meine Mutter – mein Bruder, (meine) Frau, meine Schwester – (mein) Sohn, (meine) Kinder, (meine) Tochter

2 die Ehefrau – der Junge, das Mädchen – der Opa – der Mann, die Frau – die Partnerin – der Vater, die Mutter

3 dein Bruder, deine Schwester, deine Eltern – sein Bruder, seine Schwester, seine Eltern – ihr Bruder, ihre Schwester, ihre Eltern

Dialog 1: ● Ihre ○ meine
Dialog 2: ○ deine ● Meine
Dialog 3: ● eure ○ Unsere
Dialog 4: ● ihre, ihr ○ seine

4 a
ich mag, du magst, er/es/sie mag, wir mögen, ihr mögt, sie mögen
ich habe, du hast, er/es/sie hat, wir haben, ihr habt, sie haben
ich sehe, du siehst, er/es/sie sieht, wir sehen, ihr seht, sie sehen
ich bin, du bist, er/es/sie ist, wir sind, ihr seid, sie sind
ich treffe, du triffst, er/es/sie trifft, wir treffen, ihr trefft, sie treffen

b
2. bin 3. heißt 4. liebe 5. heiraten 6. leben 7. habe 8. mag 9. kennt 10. ist 11. treffen

5 Liebe – Geburtstag – Herzlichen Glückwunsch – Liebe Grüße – heiraten – Hochzeit

6 Lieber, liebe, gratulieren, Hochzeit, Glück

7 2. Familie 3. tot 4. gestorben 5. triffst 6. Verwandten 7. kümmert 8. Geschwister 9. Schwestern 10. Bruder 11. Brüder

3 Körper – Hygiene – Gesundheit – Krankheit

2 sprechen: der Mund – sehen: das Auge – schmecken: der Mund – hören: das Ohr – verstehen: das Ohr, der Kopf – stehen: der Fuß, das Bein – riechen: die Nase – laufen: die Beine, die Füße – schreiben: die Hand – lesen: die Augen – lachen: das Gesicht, der Mund

3 Dialog 1: ● krank ○ geht, Grippe, Fieber ● Arzt, Doktor, Praxis
Dialog 2: ● geht ○ gut ● nicht, gut, erkältet, Husten, Schnupfen, besser ○ gesund
Dialog 3: ● siehst, aus ● Hände/Haare, Gesicht, Hände/Haare, duschen, Haare
Dialog 4: ● Zahnarzt

4 ● probieren ○ schmecken

5 1. Schnupfen 2. Fieber 3. Ohren 4. Füßen

6 Hilfe – Helfen, Holen, Arzt, Doktor, Praxis

7 Arzt, Doktor, Zahnarzt, Praxis, helfen, holen, erkältet, krank, gesund, gut, besser, schlecht, schreiben, gehen, stehen, laufen, sehen, lesen, riechen, hören, verstehen, schmecken, probieren, essen, trinken, Bauch, Gewicht, waschen, duschen

4 Post – Telefon – Bank – Ämter – Polizei

1 1. der Absender 2. der Empfänger 3. der Name 4. die Straße 5. die Postleitzahl 6. die Stadt 7. die Briefmarke

2 Dialog 1: 2. die Post 3. geschlossen 4. Mein Brief 5. eine Briefmarke 6. ein Automat

Dialog 2: ○ Schalter □ schwer, Absender ● E-Mail

3 1. Konto 2. Unterschrift 3. Überweisung 4. Kontonummer 5. Bankleitzahl 6. überweisen

4 ● Geldautomat ○ gehen, Karte, Überweisung, Die Bank ● hole, Geld

5 Dialog 1: ○ Formular, ausfüllen ● Familienname ○ buchstabieren ○ Adresse

Dialog 2: ○ Bankverbindung, Bank ○ IBAN ○ unterschreiben, Antrag, Internet, Tarif

6 1. schreiben, abgeben 2. bekommen, kaufen 3. ausfüllen, unterschreiben 4. ausfüllen, bekommen 5. schreiben, schicken

7 1. der Absender 2. die Bankleitzahl 3. die E-Mail-Adresse

8 einen Brief schreiben – Geld haben, holen – ein Formular ausfüllen, holen – eine Adresse schreiben, haben – den Namen schreiben – den Ausweis holen

9 ○ Ausweis ○ Pass ● Alkohol ○ komme, Arbeit ● fahren, Papiere

10 Bild oben links: Ich rufe die Polizei;
oben rechts: Mein Fahrrad ist weg! …, Wir müssen die Polizei holen; Bild unten: Polizei! … Ein Nachbar hat angerufen …

5 Verkehr

1 7a – 3b – 4c – 10d – 1e – 6f – 9g – 5h – 8i – 2 j

2 1. FLUGZEUG 2. FAHRER 3. RECHTS 4. GERADEAUS 5. LKW 6. STRASSE (ß = SS) 7. FAHRRAD 8. PLATZ 9. EINSTEIGEN 10. LINKS 11. AUSSTEIGEN 12. BUS 13. TAXI 14. BAHNHOF 15. AUTOMAT 16. AUTOBAHN 17. AUTO – *Lösungswort:* FAHRKARTENAUTOMAT

3 2. Einfach 3. zurück 4. Bahnsteig 5. Gleis 6. endet
7. aussteigen 8. bin 9. weg 10. Bahn 11. Auto 12. Bahn

4 2. links 3. geradeaus 4. Straßenbahn 5. Bus 6. gehe
7. Fuß 8. wohin 9. Nach 10. Wo 11. aussteigen 12. Fahren
13. hält 14. hält 15. Laufen 16. nehme

5 einfach, halten, Straßenbahn, Automat, Taxi, einsteigen,
gehen, fahren, zurück

6 Reisen

1 2. Gleis, Bahnhof 3. ● Fahrkarte ○ zurück ● Einfach
○ Abfahrt 4. ● pünktlich ○ Durchsagen

2 2. die Abfahrt 3. die Reise 4. die Anmeldung
5. die Übernachtung 6. der Abflug

3 2. fliegst 3. Das Flugzeug 4. Abflug 5. Das Ticket 6. zurück
7. Flughafen 8. fliege, ab 9. den Zoll 10. abholen
11. der Autobahn

4 2. Ausland 3. Ausländer 4. ein Dorf 5. zwischen
6. der Ort 7. liegt

5 2. die Prospekte 3. reisen 4. Reise 5. Welt 6. Urlaub
7. Angebot 8. Gruppe 9. Reiseführer 10. Übernachtungen
11. Flug 12. Meer

6 2. Prospekte 3. einen Stadtplan 4. besichtigen
5. die Sehenswürdigkeit 6. der Dom 7. eine Führung
8. kostet 9. Eintritt 10. Fotos

7 Balkon – Die Übernachtung, Personen – der Jugendherberge
– Das Hotel – ein Einzelzimmer, Blick – Grüße

8 Waagerecht: 4. REZEPTION 5. SCHUHE 6. EINZELZIMMER
9. TASCHE 10. KOFFER

Senkrecht: 1. JACKE 2. ANMELDUNG 3. RUCKSACK
4. RESTAURANT 7. GRÖSSE (ß = SS) 8. GEPÄCK

7 Essen und Trinken: Einkaufen

1 vier Liter Wein – 500 Gramm Reis, Butter, Fisch, Kartoffeln,
Nudeln, Schinken, Fleisch, Tomaten – ein Kilo Reis, Butter,
Fisch, Kartoffeln, Nudeln, Schinken, Fleisch, Tomaten –
6 (Stück) Eier, Tomaten, Kuchen – 2 Flaschen Bier, Wein

2 1. schwarz 2. rot 3. weiß 4. grau 5. schwarz, gelb, grün
6. rot, gelb, grün 7. grün, schwarz 8. blau

3 weiß / keine Farbe: der Reis, die Nudeln, der Zucker, die Sahne
– grün: die Paprika, der Apfel – rot: der Apfel, die Tomate, die
Paprika – gelb: die Banane, die Paprika

4 ○ Kartoffeln ○ Tomaten ○ brauche, kosten, Birnen ● Euro
○ teuer ● Äpfel, billig ○ Kilo, Äpfel ○ Eier, kostet ● Euro,
Cent ○ Geld, Kreditkarte ● Kreditkarte, zahlt bar

5 Fleisch/Schinken: Metzgerei, Supermarkt – Brot/Brötchen:
Bäckerei, Supermarkt – Kuchen: Bäckerei – Zucker und Salz:
Lebensmittelgeschäft/Supermarkt

6 2. möchte 3. Das Angebot 4. ein bisschen mehr 5. zu viel
6. bezahlen 7. Kasse

7 2. Supermarkt 3. nehme 4. mitbringen 5. Kaufst 6. schließt
7. ist zu 8. Laden 9. alles

8 Was möchten Sie? (V) – Wo finde ich das Salz? (K) – Ist das
alles? (V) – Kann es auch ein bisschen mehr sein? (V) – Was
kostet der Schinken? (K) – Kann ich auch mit Karte bezahlen?
(K) – Wann schließen Sie? (K) – Möchten Sie auch Käse? (V)

9 die Verkäuferin – das Restaurant – geschlossen – brauchen –
der Schinken – der Preis

10 2. Kaffee 3. Tee 4. Kaffee 5. Milch 6. Zucker 7. wenig 8. viel
9. Kuchen 10. Sahne

11 1. Brötchen 2. Bier, Wein, Wasser, Öl 3. Euro, Cent 4. Äpfel, Bier,
Kartoffeln, Wein, Birnen, Brötchen, Nudeln, Öl, Salz, Wasser
5. Äpfel, Kartoffeln, Birnen, Nudeln, Salz 6. Bäckerei, Metzgerei

12 Brot/Brötchen – Euro/Cent – Kilo/Gramm – teuer/billig – viel/
wenig – bar/Kreditkarte – Milch/Sahne – die Kasse / bezahlen

8 Essen und Trinken: Restaurant – Imbiss – Einladung

1 3. Bringen Sie uns bitte die Speisekarte. – 4. Können wir etwas
bestellen? – 5. Können Sie uns etwas empfehlen? –
6. Wir möchten bezahlen. / Zahlen bitte! / Bringen Sie uns
bitte die Rechnung. – 7. Auf Wiedersehen!

2 Dialog 1: 2. Durst 3. essen 4. trinken 5. auch 6. Pommes frites
7. Pommes 8. Bier 9. Trinken 10. Glas 11. Wasser 12. kostet

Dialog 2: 2. Pommes 3. Sehr gut 4. Lieblingsessen 5. sehen, aus
6. schlecht

3 Getränke (warm): der Tee – Getränke (kalt): das Bier, das
Wasser, der Wein, der Saft – Essen (warm): die Pommes
– Essen (kalt): der Kuchen, der Salat

4 frei, besetzt, frei

5 die Speisekarte lesen – das Essen bestellen, bringen – etwas
zum Essen bestellen, empfehlen, anbieten – die Rechnung
bringen, bezahlen

6 6–10 Uhr: das Frühstück, 12–14 Uhr: das Mittagessen,
15–17 Uhr: der Nachmittagskaffee, 18–22 Uhr: das Abendessen

7 Dialog 1 und 2: 2. freuen 3. Mögen 4. Essen 5. koche 6. sehr
7. Gäste 8. eine Einladung 9. pünktlich 10. ein Geschenk

Dialog 3 und 4: 2. Dank 3. die Einladung 4. danke
5. entschuldigen 6. geben 7. fahren 8. nur

8 das Glas, der Teller, die Gabel, das Messer, der Löffel,
das Wasser, die Gäste, das Essen, …

9 Kommunikation – Freizeit

1 2. Nachricht 3. Mailbox 4. SMS 5. Handy-Nummer 7. mailen
8. E-Mails

2 ○ Zeit ● besuchen ○ geht ● kommst, mit ○ leider,
bleiben, böse ● gern, allein ○ verstehe, mitnehmen
● Wochenende

3 Waagerecht: 1. AUSFLUG 2. PARTY 3. VEREIN 4. KINO
5. KONZERT 6. LIED 7. MUSIK 8. SPORT, Senkrecht: FREIZEIT

4

F	R	Ü	H	S	T	Ü	C	K	E	N		
		G	R	I	L	L	E	N				E
S	P	I	E	L	E	N		L				I
T	E	L	E	F	O	N	I	E	R	E	N	
A			W	A	N	D	E	R	N		.	K
N				L	E	S	E	N			L	A
Z				E	S	S	E	N	A	U		
E					N			C	F			
N								H	E			
			S	C	H	W	I	M	M	E	N	
		S	T	U	D	I	E	R	E	N		
		F	E	R	N	S	E	H	E	N		

Waagerecht: 1. FRÜHSTÜCKEN 2. GRILLEN 3. SPIELEN
4. TELEFONIEREN 5. WANDERN 6. LESEN 7. ESSEN
8. SCHWIMMEN 9. STUDIEREN 10. FERNSEHEN
Senkrecht: 11. TANZEN 12. LERNEN 13. LACHEN
14. EINKAUFEN

5 a
5a – 3b – 1c – 6d – 2e – 4f – 8g – 7h

b
2. Sie frühstückt im Bett 3. Am Mittag steht sie auf und zieht
sich an. Dann geht sie in Schwimmbad. 4. Klaus liest die
Zeitung. 5. Dann geht er auch ins Schwimmbad und
6. schwimmt 1000 m. 7. Am Abend geht Karin in die Disco.
8. Klaus trifft Freunde.

6 Dialog 1: ● ein Hobby ○ Sport, spiele ● einem Verein
○ gewinnen, mitmachen
Dialog 2: ● wandern ○ mitkommen ● grillen, Alle,
mitbringen ○ lieber
Dialog 3: ● einen Film ○ interessant, weiß, die Kultur
● zum Schluss, Erwachsene
Dialog 4: ● Jugendliche ● deinen Ausweis ● In Ordnung, jung
Dialog 5: ○ viele Leute, Ist, da ● eine Party, tanzen
○ Die Musik, Lieblingslied ● zu Ende, Disco ○ lustig

10 Lernen

1 linke Spalte: Zeile 1: die Frage, Zeile 2: der Satz, Zeile 3: das
Wort rechte Spalte: Zeile 1: hören, Zeile 2: der Buchstabe,
Zeile 3: ankreuzen, der Bleistift, Zeile 4: schreiben,
der Kugelschreiber, das Papier

2 Dialoge 1 bis 3: 2. einen Bleistift 3. verstehe 4. erklären
5. Beispiel 6. beginnt 7. ist, aus 8. Pause
Dialoge 4 bis 8: 2. Schule 3. wiederholen 4. lesen
5. Text 6. fehlt 7. glaube 8. vergessen 9. richtig 10. Fehler
11. Kurs 12. Klasse

3 2. Aufgaben 3. Aufgaben 4. ankreuzen 5. richtig 6. falsch
7. ergänzen 8. Fragen 9. Lösungen 10. Antwortbogen
11. zu Ende 12. abgeben

4 1. unterrichten 2. wissen 3. Schreiben 4. weiß

5 2. die Sprache 3. die Antwort 4. der Test 5. die Prüfung
6. der Teil 7. der Unterricht

6 1. Kindergarten 2. Hausaufgaben 3. Antwortbogen
4. Kugelschreiber, Papier

11 Arbeit und Beruf

1 1. arbeitslos 2. Arbeitsplatz 3. verdient 4. beide 5. schwer 6. Job

2 2. Die Arbeit 3. selbstständig 4. beide 5. verdienen 6. arbeitslos
7. einen Arbeitsplatz 8. einen Termin 9. ein Praktikum
10. Wochenende

3 Dialog 1: ● Feierabend ● Musst ○ den Feiertagen
Dialog 2: ○ müde, lang ● Urlaub ○ Anfang ● tust
Dialog 3: ○ Studentin, arbeitet, studieren, Pläne, werden

4 Dialoge 1 und 2: ○ international ● die Papiere, fertig ○ Chef,
unterschreiben
Dialoge 3 und 4: ● Feierabend ○ telefonieren, das Gespräch
● der Chef ○ einen Termin, wichtig ● komme

12 Wohnen

1 Mehr üben: Schlafzimmer: schlafen, lesen, (frühstücken);
Wohnzimmer: fernsehen, lesen, spielen, Musik hören,
Freunde treffen; Kinderzimmer: schlafen, spielen,
lesen, Musik hören; Badezimmer: baden, duschen,
sich waschen

2 Dialog 1: 2. deinen Schrank 3. breit 4. keinen Platz
5. brauchst 6. deine Kleidung
Dialog 2: 2. sitzt 3. dem Sofa 4. daneben 5. liegt 6. neu
Dialog 3: 2. die Küche 3. der Herd 4. kochen
5. der Kühlschrank 6. kalt

3 hell/dunkel – kaufen/verkaufen – klein/groß – der Eingang/der
Ausgang – laut/leise – vermieten/mieten – teuer/billig –
suchen/finden – oben/unten

4 m = Meter – m²/qm = Quadratmeter – cm = Zentimeter

5 Dialog 1: 2. suche 3. Anzeigen 4. Vermieter 5. vermieten
6. groß 7. hoch 8. Miete 9. Quadratmeter 10. liegt
11. Hier 12. Stock 13. Mieter
Dialog 2: 15. hoch 16. hell 17. gefällt 18. teuer 19. billig
20. Quadratmeter 21. Vermieter
Dialog 3: 2. unten 3. der Treppe 4. den Eingang
5. einen Platz 6. oben 7. laufen

6 z. B.: die Tür + der Schlüssel – das Haus + der Garten –
das Licht + ausmachen – der Mieter + der Vermieter – die
Wohnung + das Apartment

13 Zeit – Uhr – Woche

1 Uhrzeit – Sekunden, Minute, Minuten, Stunde – Stunden, Tag

2 2. zehn nach eins 3. Viertel nach drei 4. halb fünf
5. fünf nach halb sechs 6. Viertel vor acht
7. fünf vor acht,

3 2. Vormittag 3. Mittag 4. Nachmittag 5. Abend 6. Nacht
7. Morgen

4 2. Dienstag 3. Mittwoch 4. Donnerstag 5. Freitag
6. Samstag/Sonnabend 7. Sonntag
Wochentage – Wochenende – Am Wochenende

5 1d – 2b – 3a – 4e – 5c – 6g – 7f

6 jetzt/später – langsam/schnell – nächste/letzte – nie/oft
– langsam/schnell

7 Dialog 1: 2. Wann 3. gleich 4. warte 5. seit 6. sofort
7. Um 8. Immer 9. spät 10. zurzeit
Dialog 2: 2. gerade 3. bald 4. Moment 5. schnell
Dialog 3: 2. lange 3. bis 4. Uhr 5. dann 6. wann
7. Nächste 8. am
Dialog 4: ○ Letzte, am ● oft ○ nie

14 Datum – Jahreszeiten – Wetter

1 der Frühling: März, April, Mai – der Sommer: Juni, Juli,
August – der Herbst: September, Oktober,
November – der Winter: Dezember, Januar, Februar

2 oben: der Norden, unten: der Süden, rechts: der Osten, links:
   der Westen

3 ● regnet, Regen ○ warm, scheinen ○ Grad ● minus, plus
   ○ Sonne

4 8. Juni: der achte Sechste – 2. August: der zweite Achte –
   11. November: der elfte Elfte – 9. Dezember: der neunte
   Zwölfte

   2.3.: der zweite März/Dritte – 3.4.: der dritte April/Vierte –
   4.5.: der vierte Mai/Fünfte – 5.6.: der fünfte Juni/Sechste –
   6.7.: der sechste Juli/Siebte – 7.8.: der siebte August/Achte –
   8.9.: der achte September/Neunte –
   9.10.: der neunte Oktober/Zehnte – 10.11.: der zehnte
   November/Elfte

15 Wörter und Grammatik

1 ● Ich, die ○ Warum, du, Das ● das ○ mir, mein ● Wann, der
   ○ Wohin ● Ich

2 1f – 2h – 3b – 4d – 5a/c – 6a/c – 7e – 8g

3 1. vor/nach 2. vor/nach 3. am 4. von, bis

4 von links nach rechts: auf, hinter, neben, in, über, unter, vor,
   zwischen

5 2. aus 3. bei 4. gegen 5. mit 6. ohne

6 2. denn 3. oder 4. dann 5. und

7 1. Ich 2. Sie, er, Sie 3. Wir 4. ihr 5. du 6. Es

8 1b und e – 2b und d – 3a – 4e und b – 5c

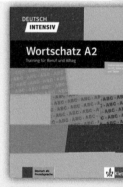